인체의 내부를 보여 주는
우리 몸

잔 스트래들링 글
영국에서 태어나 7년 동안 홍콩에서 초등학생을 가르쳤습니다.
그 후 오스트레일리아와 뉴질랜드의 디즈니 방송 채널 제작 부장으로 지내면서
많은 어린이 프로그램을 만들었습니다. 텔레비전용 어린이 영화 시나리오 한 편을
공동 집필했으며, 여러 권의 어린이 책과 두 권의 성인용 논픽션을 썼습니다.
지금은 자유기고가로 글을 쓰면서 텔레비전 방송 제작자로 일하고 있습니다.

로빈 카터 외 그림
세계 유명 예술 대학에서 공부하고, 오랫동안 삽화를 그려 온 25명의 미국,
영국, 독일, 이탈리아, 오스트레일리아의 화가들이 공동 작업을 하였습니다. 모든
그림은 정확한 연구 자료를 바탕으로, 최첨단 3D 컴퓨터그래픽으로 입체적이고
사실적으로 표현했습니다. 또한 모든 그림은 전문가의 감수를 받았습니다.

이충호 옮김
서울대학교 사범대학 화학과를 졸업하였습니다. 과학 전문 번역가로
활동하고 있으며, 2001년 제20회 한국과학기술도서 번역상을 수상하였습니다.
그동안 옮긴 책으로「3D 과학 백과 우리 몸」「3D 과학 백과 지구」「도도의 노래」
「내 안의 유인원」「오싹오싹 무서운 독」「루시퍼 이펙트」「공기 위를 걷는 사람들」
「59초」「세계의 모든 신화」「수학이 사랑한 예술」등이 있습니다.

조비룡 감수
서울대학교 의과대학을 졸업하였습니다. 서울대학교병원 가정의학과 전문의이면서
서울대학교 의과대학 교수·대한임상건강증진학회 이사·대한노인병학회 이사·
대한가정의학회 이사·서울대학교병원 건강증진센터장·헬스케어연구소 소장 등으로
일하고 있습니다. 특별히 건강 증진 프로그램(검진, 운동, 비만, 금연)과 건강과 노화,
의료 정보 분야에 관심이 많아 한국형 치매 선별 프로그램, 건강 위험 평가 프로그램,
맞춤형 건강 정보, 성공 노화 패스포트, 한국형 건강 증진 프로그램, 생애 전환기
프로그램, 맞춤형 건강 검진 및 증진 프로그램 등을 진행하였습니다.

2023년 11월 25일 1판 4쇄 **펴냄**
2021년 1월 25일 1판 1쇄 **펴냄**

펴낸곳 (주)효리원
펴낸이 윤종근
글쓴이 잔 스트래들링 · **그린이** 로빈 카터 외
옮긴이 이충호 · **감수** 조비룡
등록 1990년 12월 20일 · **번호** 2-1108
우편 번호 03147
주소 서울시 종로구 삼일대로 457, 406호
전화 02)3675-5222 · **팩스** 02)765-5222

ⓒ 2015 · 2020. (주)효리원

잘못 만들어진 책은 구입하신 서점에서 바꾸어 드립니다.
ISBN 978-89-281-0694-3 74450

이메일 hyoreewon@hyoreewon.com
홈페이지 www.hyoreewon.com

인체의 **내부**를 보여 주는
우리 몸

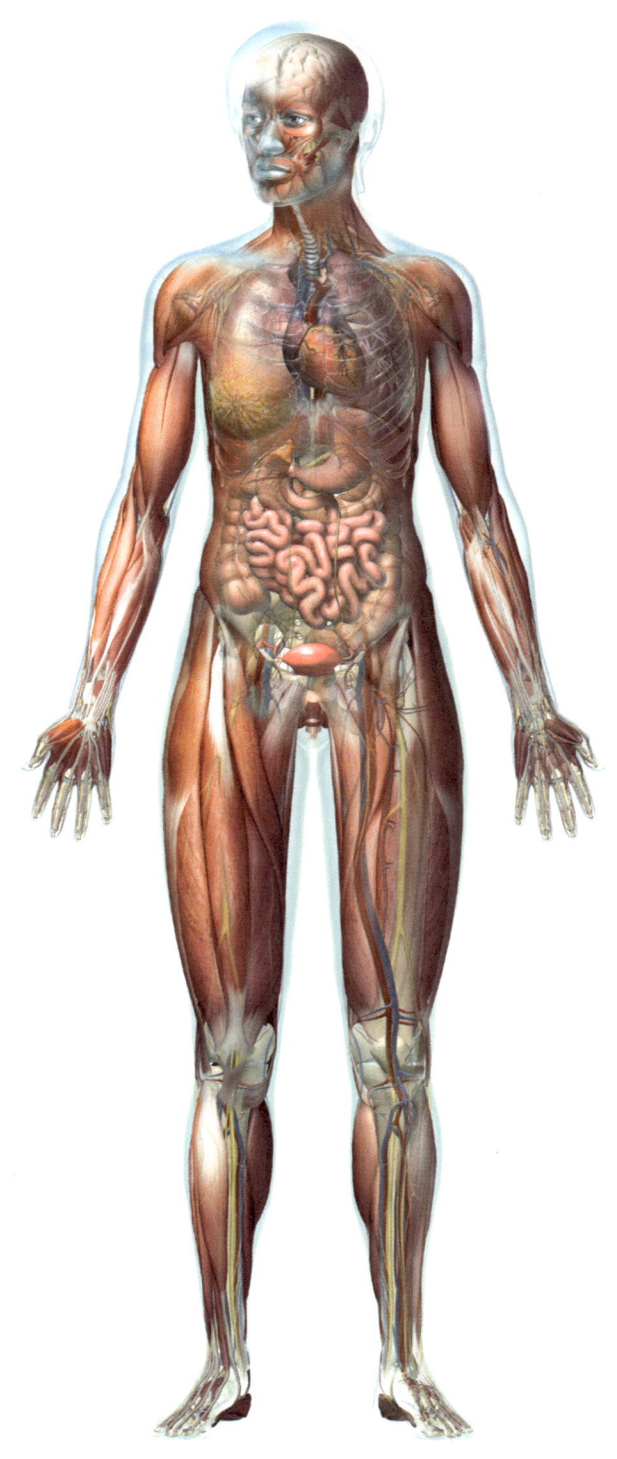

HUMAN BODY

Copyright © Weldon Owen Pty Limited. www.weldonowen.com
All rights reserved. Korean Translation Copyright
© 2010 by Hyoreewon Publishing Co., Ltd.
Korean edition is published by arrangement with Weldon Owen Pty Ltd
through The ChoiceMaker Pty Ltd.

이 책의 한국어판 출판권은 초이스메이커코리아를 통해
Weldon Owen Ltd와 독점 계약한 (주)효리원에 있습니다. 신 저작권법에 의해
한국 내에서 보호를 받는 저작물이므로 무단 전재와 무단 복제를 금합니다.

인체의 내부를 보여 주는
우리 몸

잔 스트래들링 글 · 로빈 카터 외 그림 · 이충호 옮김 · 조비룡(서울대학교 의과대학 교수) 감수

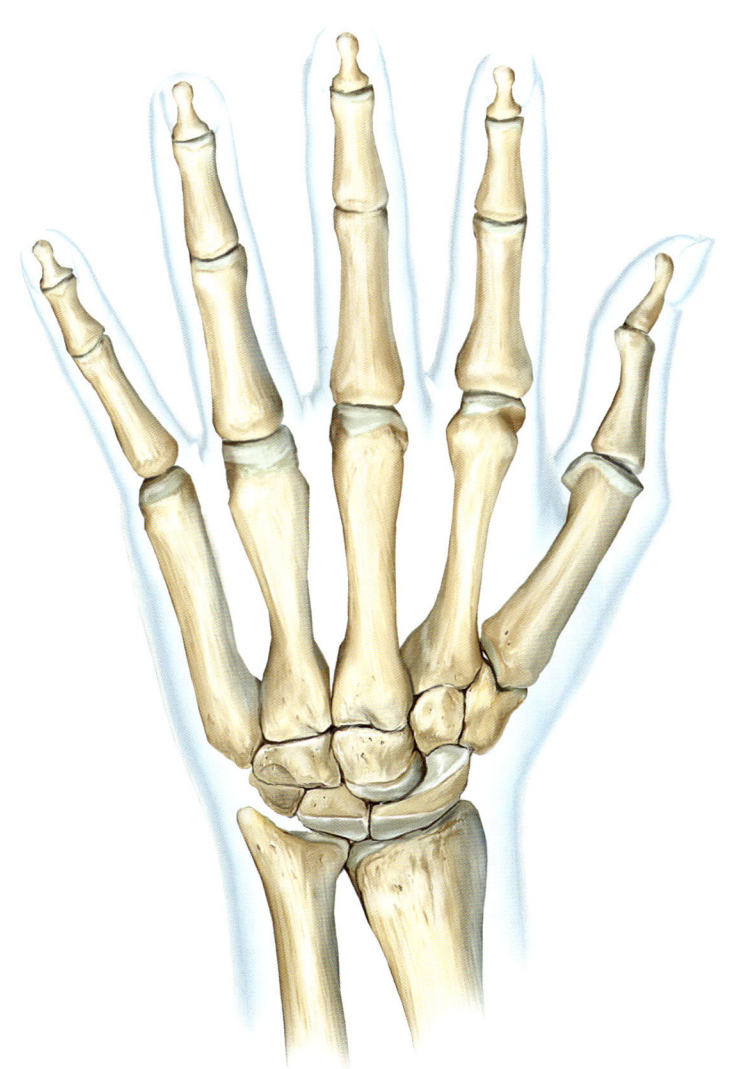

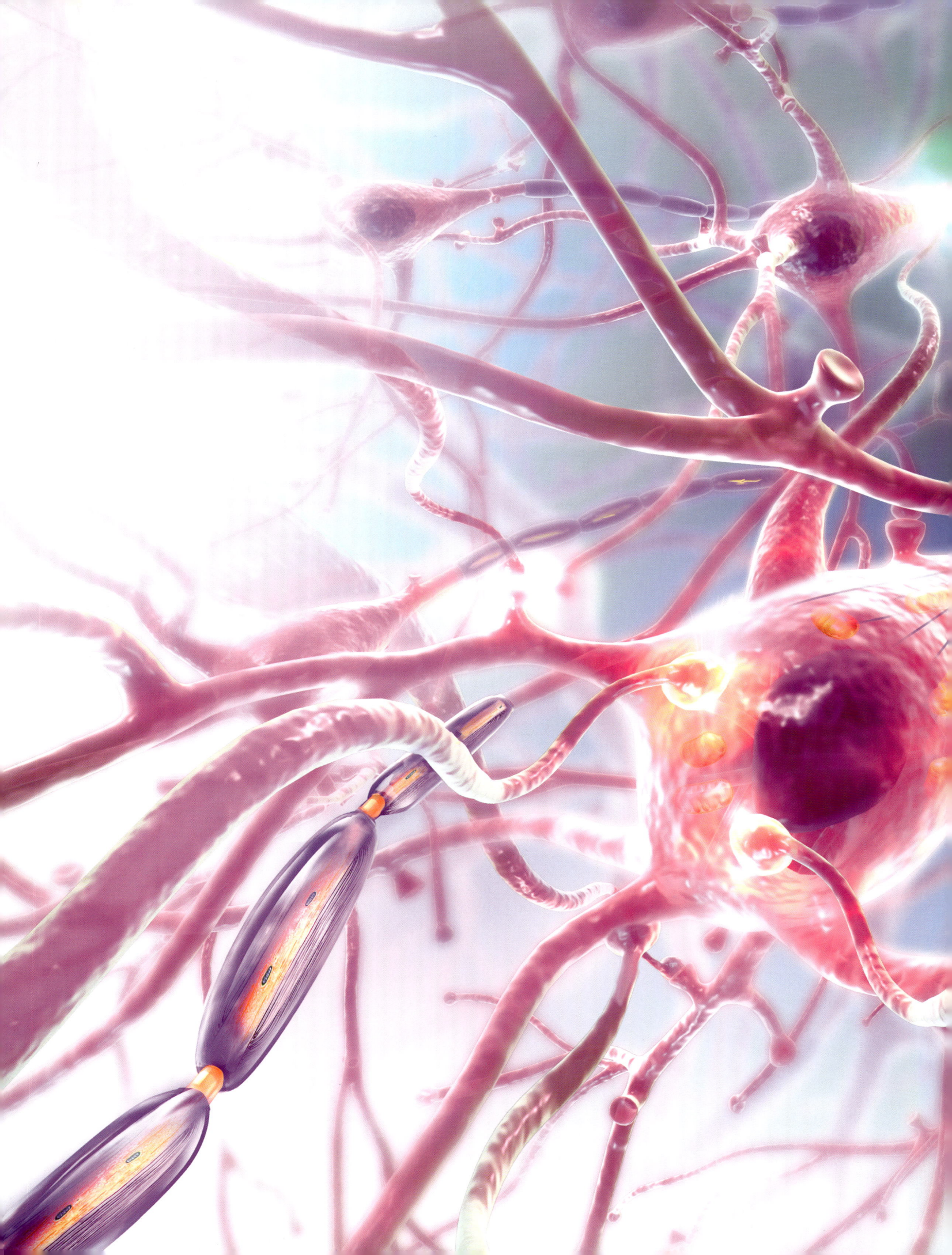

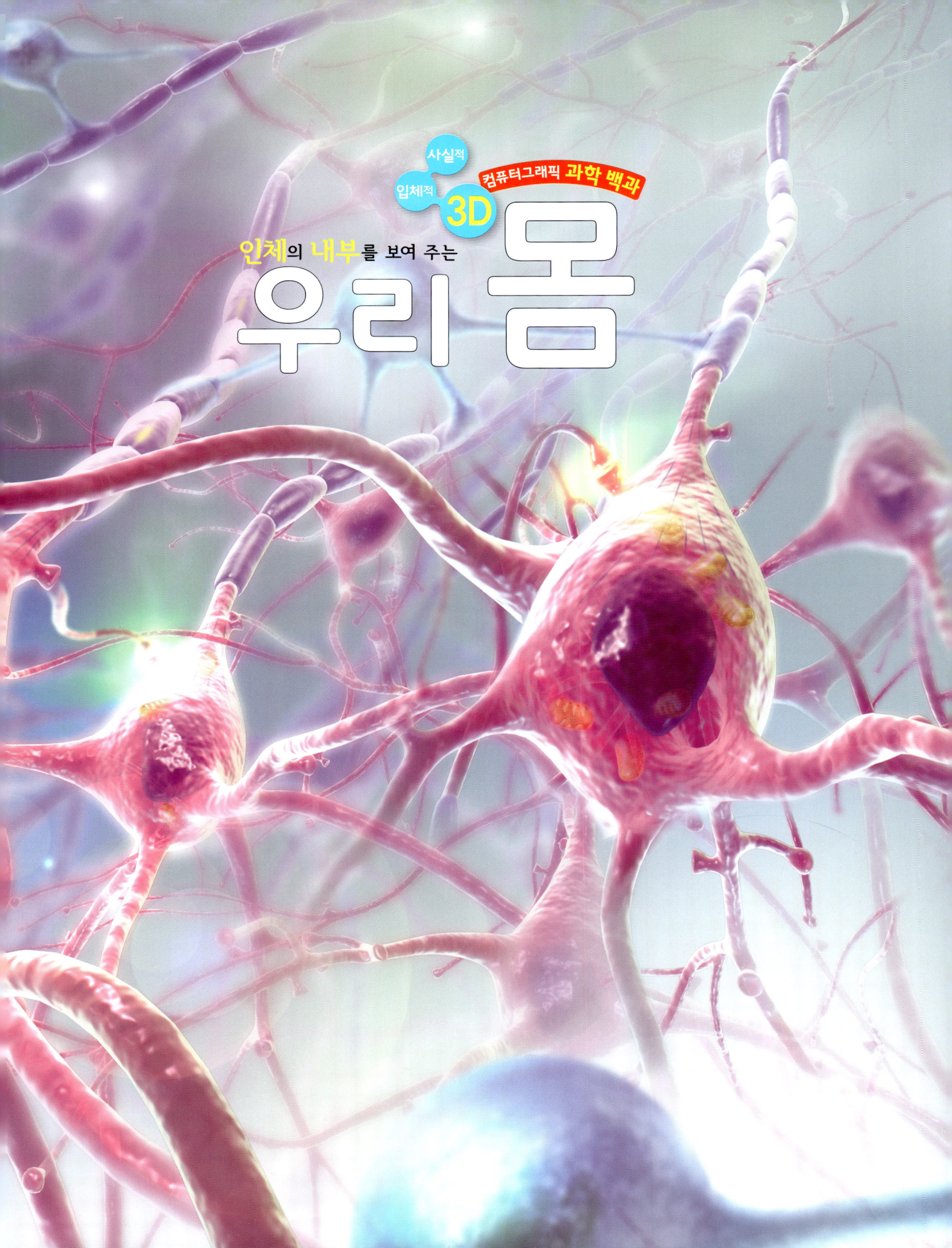

감수자의 말

어린이 여러분, 우리 몸은 참 신기해요. 슬픈 이야기를 들으면 눈물이 나고, 무서운 이야기를 들으면 오싹 소름이 돋아요. 밤이면 졸음이 쏟아져 잠을 자 휴식을 취하게 하고, 몸속에 수분이 부족하면 목이 말라 물을 마시게 해요. 또 맛있는 음식을 먹으면 소화를 시켜 영양분을 흡수하고 찌꺼기인 똥과 오줌은 몸 밖으로 내보내요. 누가 시키지 않아도 이 모든 일을 혼자서 척척 해내지요.
어린이 여러분, 궁금하지요? 우리 몸은 어떻게 이런 일을 해내는 걸까요?

「인체의 내부를 보여 주는 사실적 입체적 3D 컴퓨터그래픽 과학 백과 우리 몸」은 이러한 궁금증을 시원하게 풀어 주는 책이에요. 두드러진 특징 몇 가지를 보면 다음과 같아요.

첫째, 우리 몸의 각 부위가 하는 일과 특징을 어린이 눈높이에 맞춰 쉽고 간결한 설명으로 알기 쉽게 풀었어요.
둘째, 우리 몸의 내부 기관을 컴퓨터그래픽으로 정교하게 그려, 마치 우리 몸의 내부를 들여다보는 것만 같아요.
셋째, 기관, 뼈, 근육, 정맥, 세포 등을 최첨단 3차원 단면도로 그리고, 여기에 설명을 덧붙여 우리 몸에 대한 이해를 정확하게 할 수 있어요.

머리에서부터 발끝까지 우리 몸에 대한 궁금증을 시원하게 풀어 주는 「인체의 내부를 보여 주는 사실적 입체적 3D 컴퓨터그래픽 과학 백과 우리 몸」!

아무쪼록 이 책으로 많은 어린이들이 우리 몸에 대한 관심과 호기심을 더욱 키워, 아직도 밝혀지지 않은 많은 우리 몸의 신비를 푸는 데 앞장서기를 바랍니다.

서울대학교 의과대학 교수 조비룡

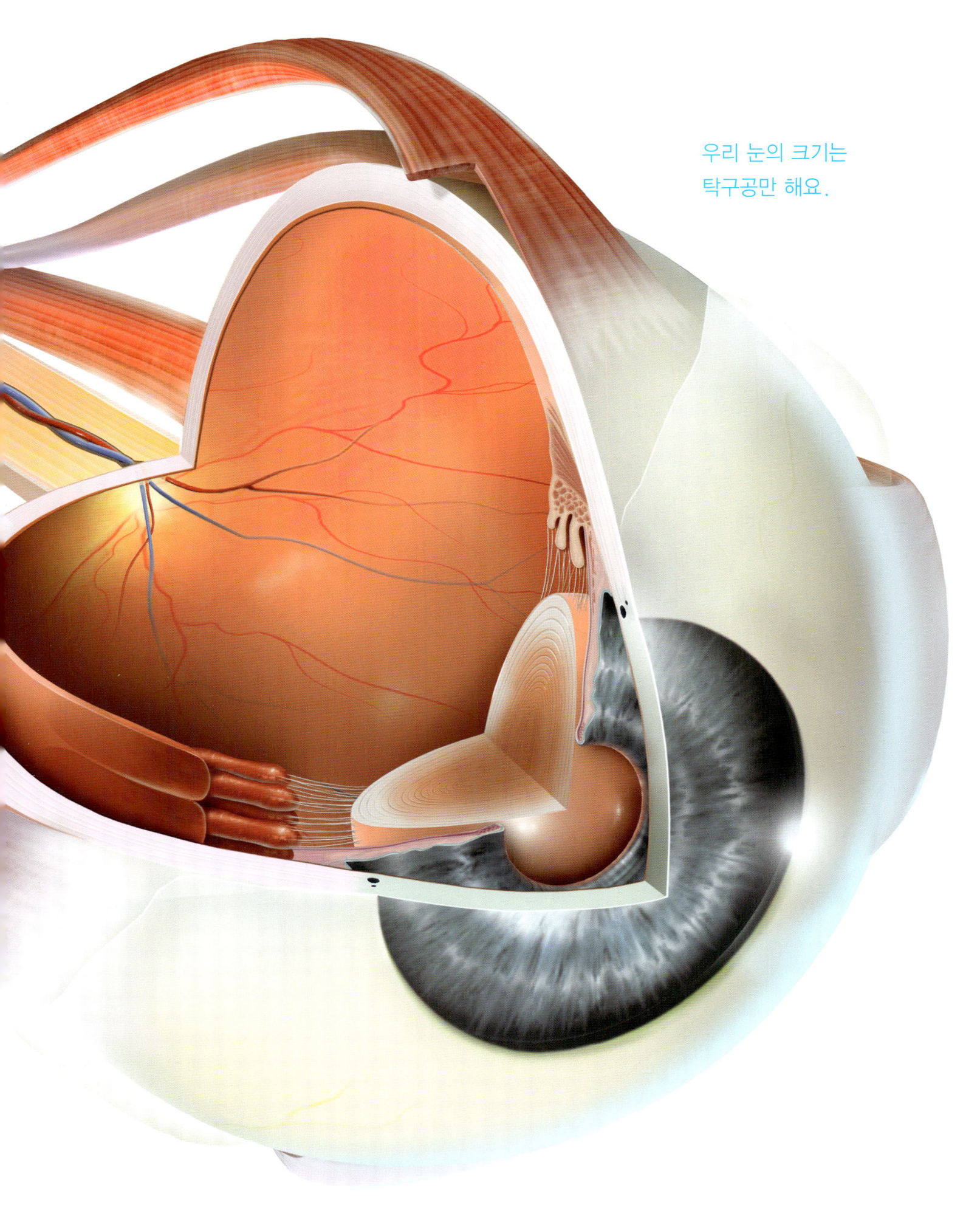

우리 눈의 크기는 탁구공만 해요.

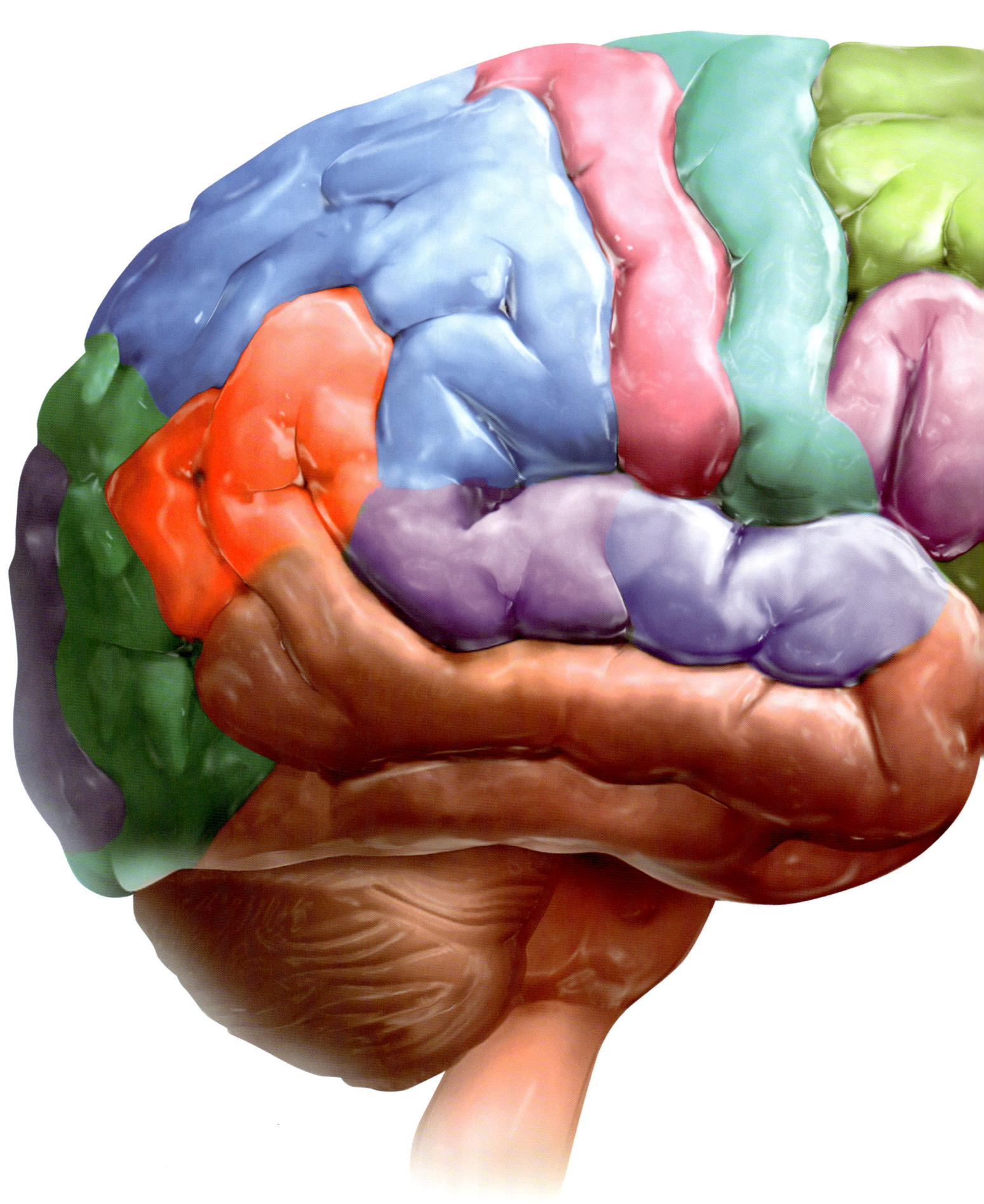

차례

- **16** 우리 몸
- **18** 세포
- **20** 머리
- **24** 조직 복구
- **26** 피부
- **28** 털
- **30** 뇌
- **32** 감정
- **34** 심장
- **38** 심장 주기
- **40** 팔
- **43** 콩팥(신장)
- **44** 가슴
- **48** 생식
- **50** 다리
- **53** 발
- **54** 감각
- **56** 촉각
- **58** 눈
- **63** 시각
- **64** 청각
- **66** 미각
- **68** 후각
- **70** 근육
- **72** 소화
- **76** 뼈대(골격)
- **78** 머리뼈(두개골)
- **80** 뼈
- **82** 순환계
- **85** 혈관
- **86** 신경계
- **88** 신경
- **90** 내분비계
- **92** 림프계
- **94** 방어 체계
- **96** 용어 설명

● 기본 지식   ● 머리에서 발끝까지   ● 감각   ● 여러 가지 계

우리 몸

우리 몸은 기계와 비슷해요. 서로 다른 많은 부분으로 이루어져 있고, 각 부분이 서로 힘을 합쳐 일하기 때문에 제대로 돌아가지요. 어른의 몸에는 뇌세포가 약 260억 개, 근육이 650개, 뼈가 206개 있어요.

우리 몸에 있는 혈관을 모두 연결하면 길이가 약 16만 킬로미터나 돼요. 그 밖에 심장이나 위 같은 기관은 각자 특별한 일을 맡아 처리하면서, 다른 기관들과 함께 혈관계나 소화계를 이루어 몸이 제대로 기능하게 해요.

뇌는 우리 몸의 모든 부위를 지휘하는 지휘 본부와 같아요. 수많은 세포와 수배 개의 근육과 뼈, 수십만 킬로미터의 혈관은 우리 몸을 이루고 있는 것들 중 일부에 지나지 않아요.

뇌
뇌는 우리 몸의 지휘 본부예요. 우리 몸의 각 기관이 해야 할 일을 지시해요.

허파(폐)
우리 몸에는 스펀지처럼 생긴 허파가 2개 있어요. 허파는 숨을 들이쉬면 공기 중의 산소를 흡수하고, 숨을 내쉴 때 몸에서 생긴 찌꺼기인 이산화탄소를 내보내요.

심장
산소가 많이 들어 있는 신선한 피를 몸 곳곳으로 내보내요.

위
삼킨 음식이 모이는 주머니예요. 위에서 나와 음식물을 분해할 수 있도록 도와줘요.

작은창자(소장)
본격적으로 음식물이 소화되기 시작하는 곳이에요.

큰창자(대장)
음식물이 소화가 다 끝 활발해지는 곳이에요.

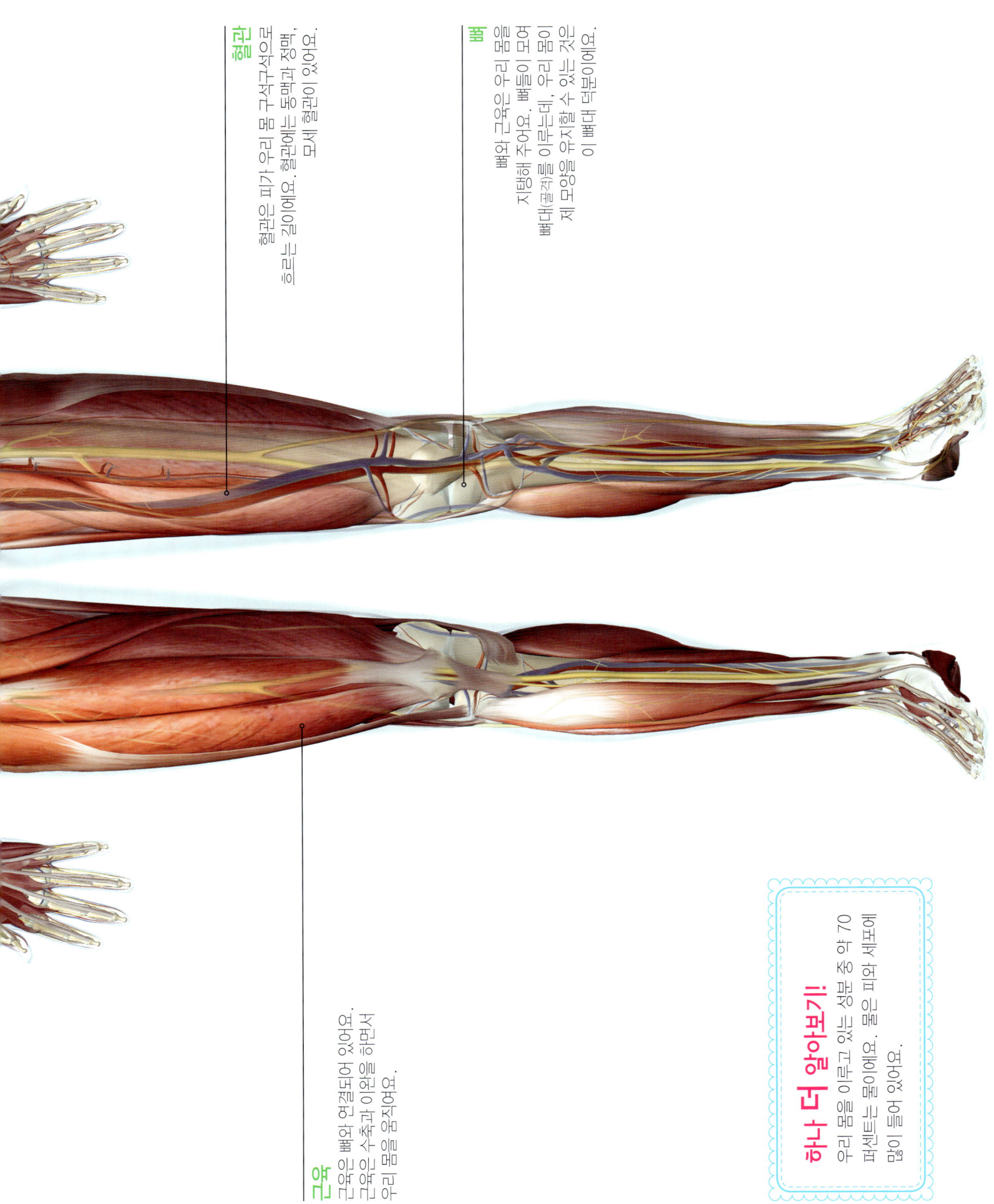

혈관
혈관은 피가 우리 몸 구석구석으로 흐르는 길이에요. 혈관에는 동맥과 정맥, 모세 혈관이 있어요.

뼈
뼈와 근육은 우리 몸을 지탱해 주어요. 뼈들이 머리뼈대(골격)를 이루는데, 우리 몸이 제 모양을 유지할 수 있는 것은 이 뼈대 덕분이에요.

근육
근육은 뼈와 연결되어 있어요. 근육은 수축과 이완을 하면서 우리 몸을 움직여요.

더 알아보기!
우리 몸을 이루고 있는 성분 중 70 퍼센트는 물이에요. 혈액에도 물이 많이 들어 있어요.

기본 지식 : 우리 몸 17

세포

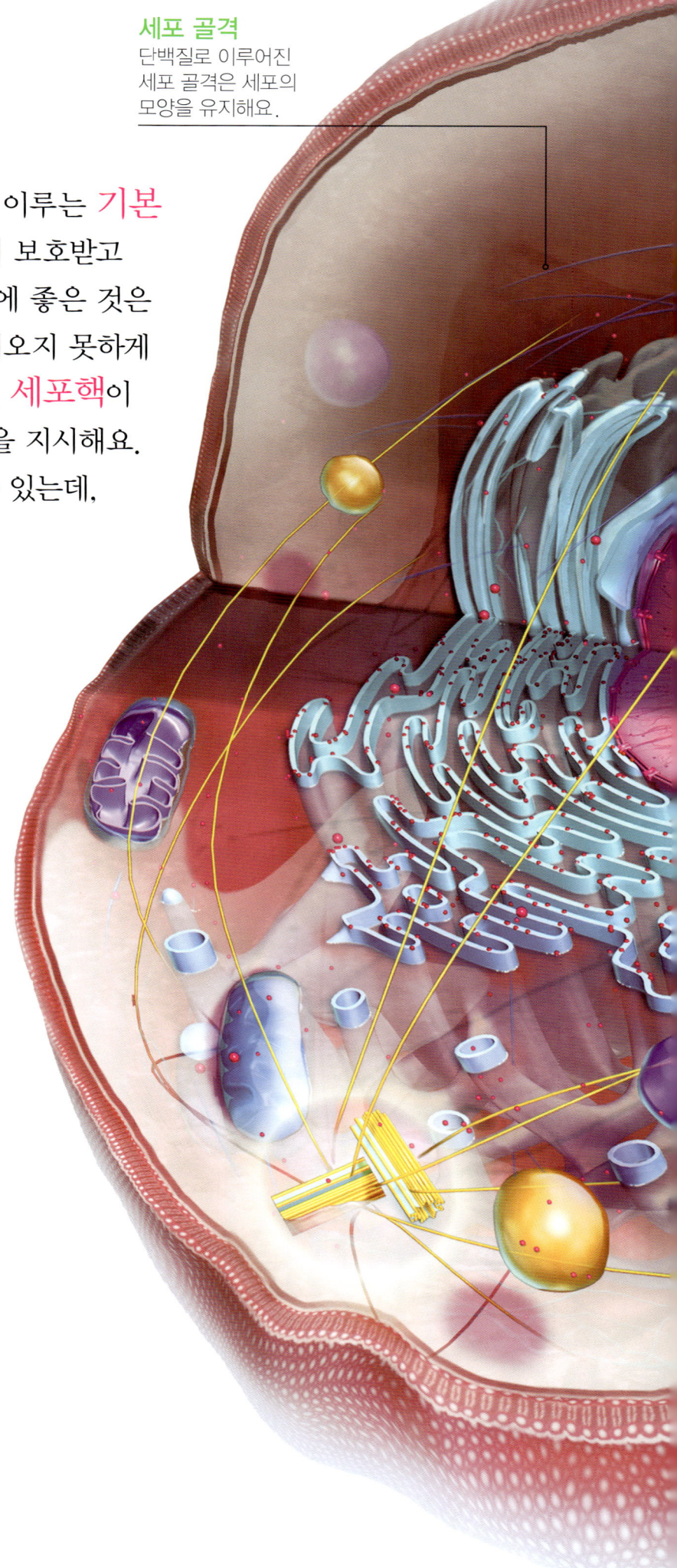

세포 골격
단백질로 이루어진 세포 골격은 세포의 모양을 유지해요.

세포는 살아 있는 모든 생물의 몸을 이루는 기본 요소예요. 세포는 세포막에 둘러싸여 보호받고 있어요. 세포막은 영양소처럼 우리 몸에 좋은 것은 통과시키고, 세균처럼 나쁜 것은 들어오지 못하게 막아 줘요. 대부분의 세포는 가운데에 세포핵이 있는데, 세포핵은 세포가 해야 할 일을 지시해요. 우리 몸에는 200가지가 넘는 세포가 있는데, 하는 일은 모두 달라요.

우리 몸의 모든 세포핵에는 실처럼 생긴 염색체가 46개씩 들어 있어요. 염색체는 나선형 구조의 DNA 분자로 되어 있는데, DNA에는 우리 몸을 어떻게 만들라고 지시하는 유전자가 들어 있어요. DNA의 차이 때문에 사람들의 생김새와 성격이 모두 다른 거예요.

하나 더 알아보기!
우리 몸의 세포 수는 약 100조 개예요. 여러분이 이 문장을 읽는 동안 여러분의 몸에서는 5,000만 개의 세포가 죽고, 새 세포가 그 자리를 메웠어요.

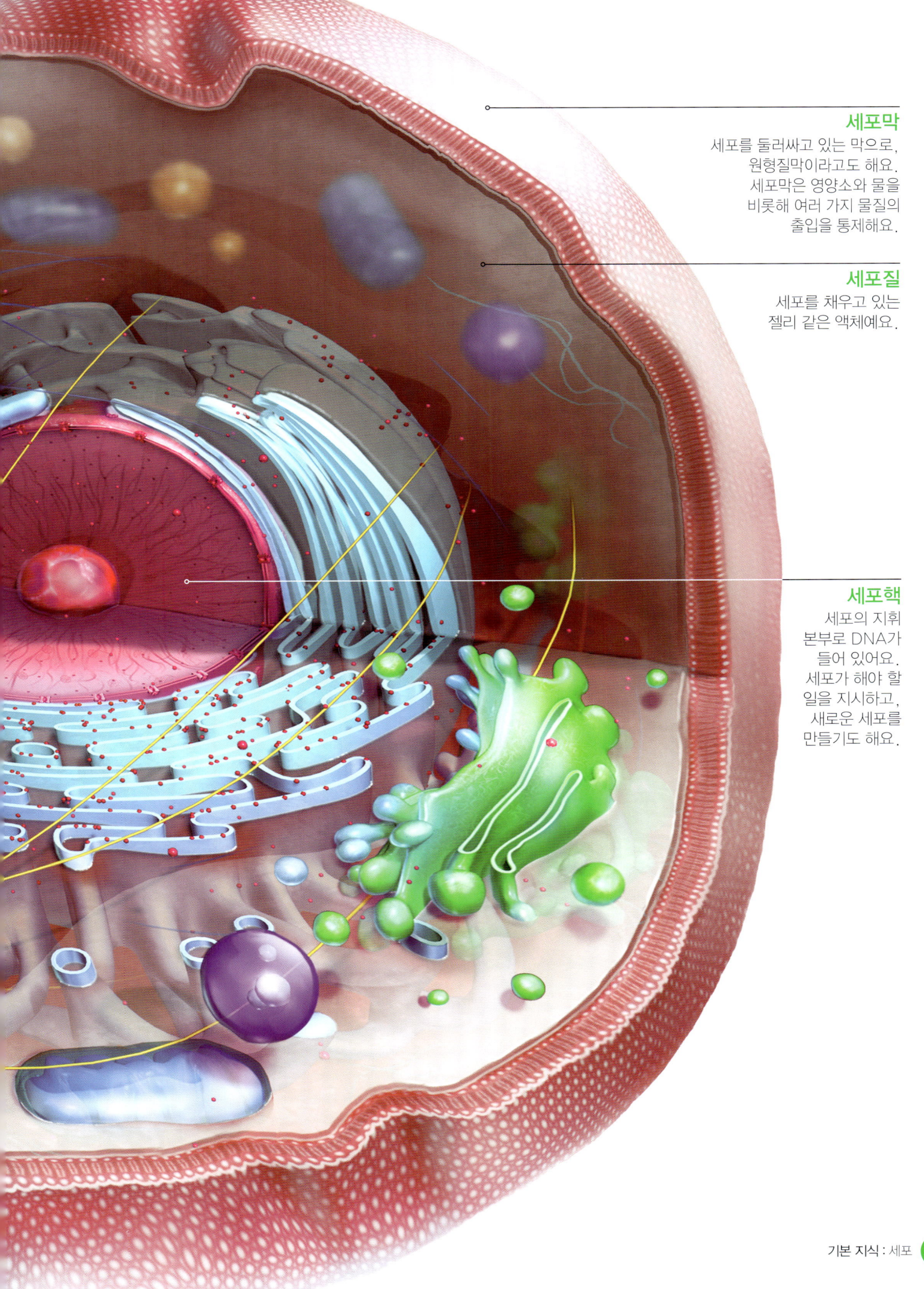

세포막
세포를 둘러싸고 있는 막으로, 원형질막이라고도 해요. 세포막은 영양소와 물을 비롯해 여러 가지 물질의 출입을 통제해요.

세포질
세포를 채우고 있는 젤리 같은 액체예요.

세포핵
세포의 지휘 본부로 DNA가 들어 있어요. 세포가 해야 할 일을 지시하고, 새로운 세포를 만들기도 해요.

머리

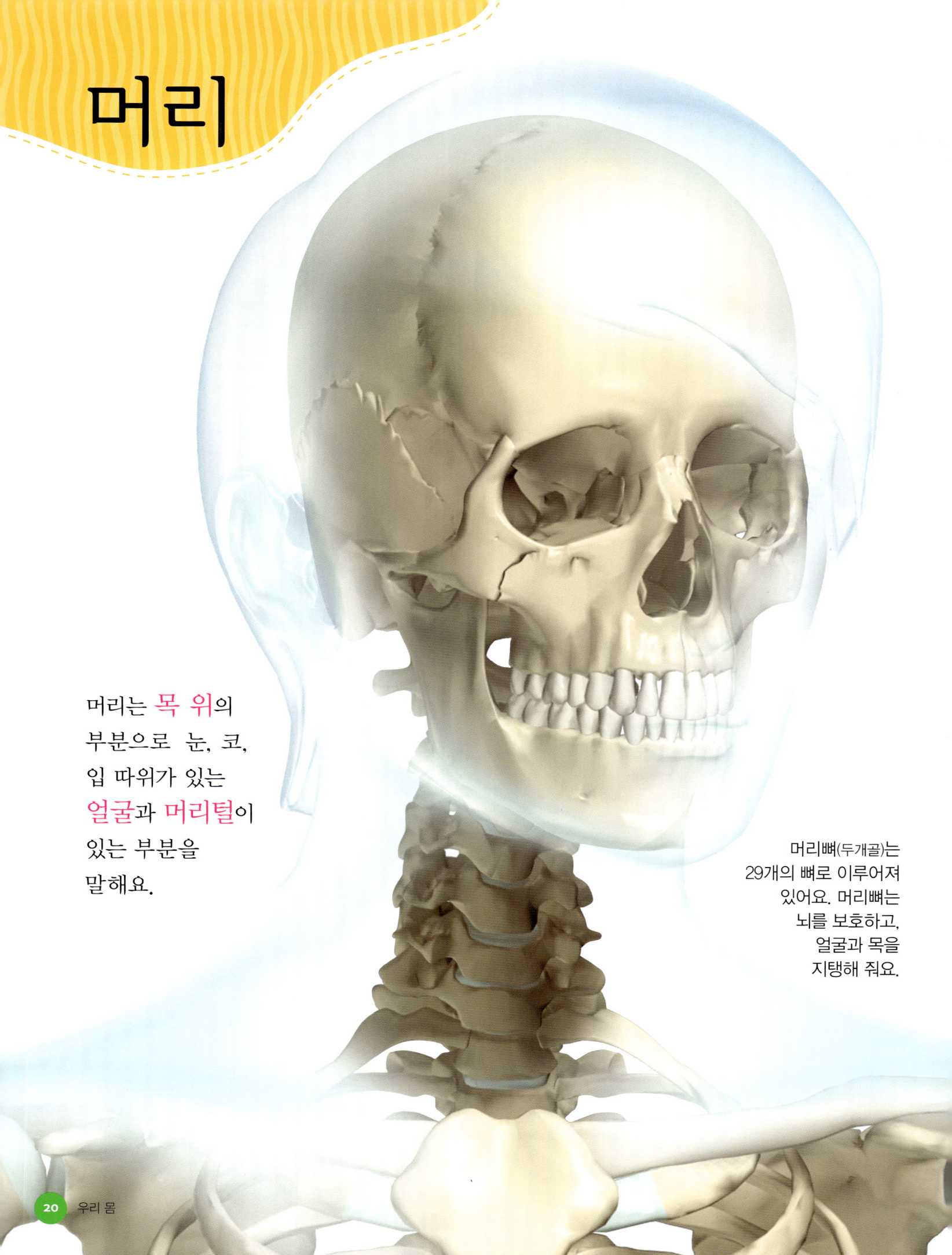

머리는 **목 위**의 부분으로 눈, 코, 입 따위가 있는 **얼굴**과 **머리털**이 있는 부분을 말해요.

머리뼈(두개골)는 29개의 뼈로 이루어져 있어요. 머리뼈는 뇌를 보호하고, 얼굴과 목을 지탱해 줘요.

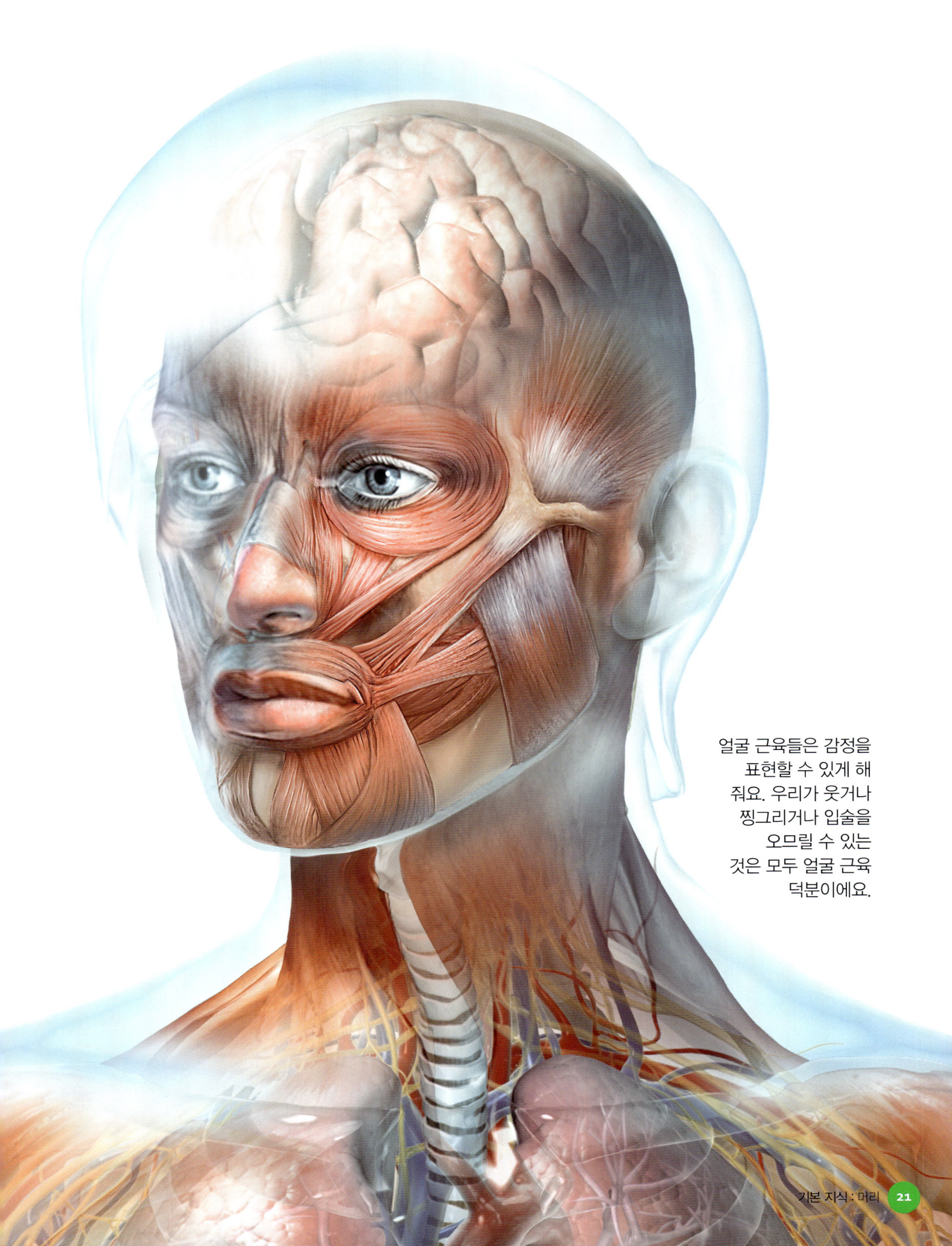

얼굴 근육들은 감정을 표현할 수 있게 해 줘요. 우리가 웃거나 찡그리거나 입술을 오므릴 수 있는 것은 모두 얼굴 근육 덕분이에요.

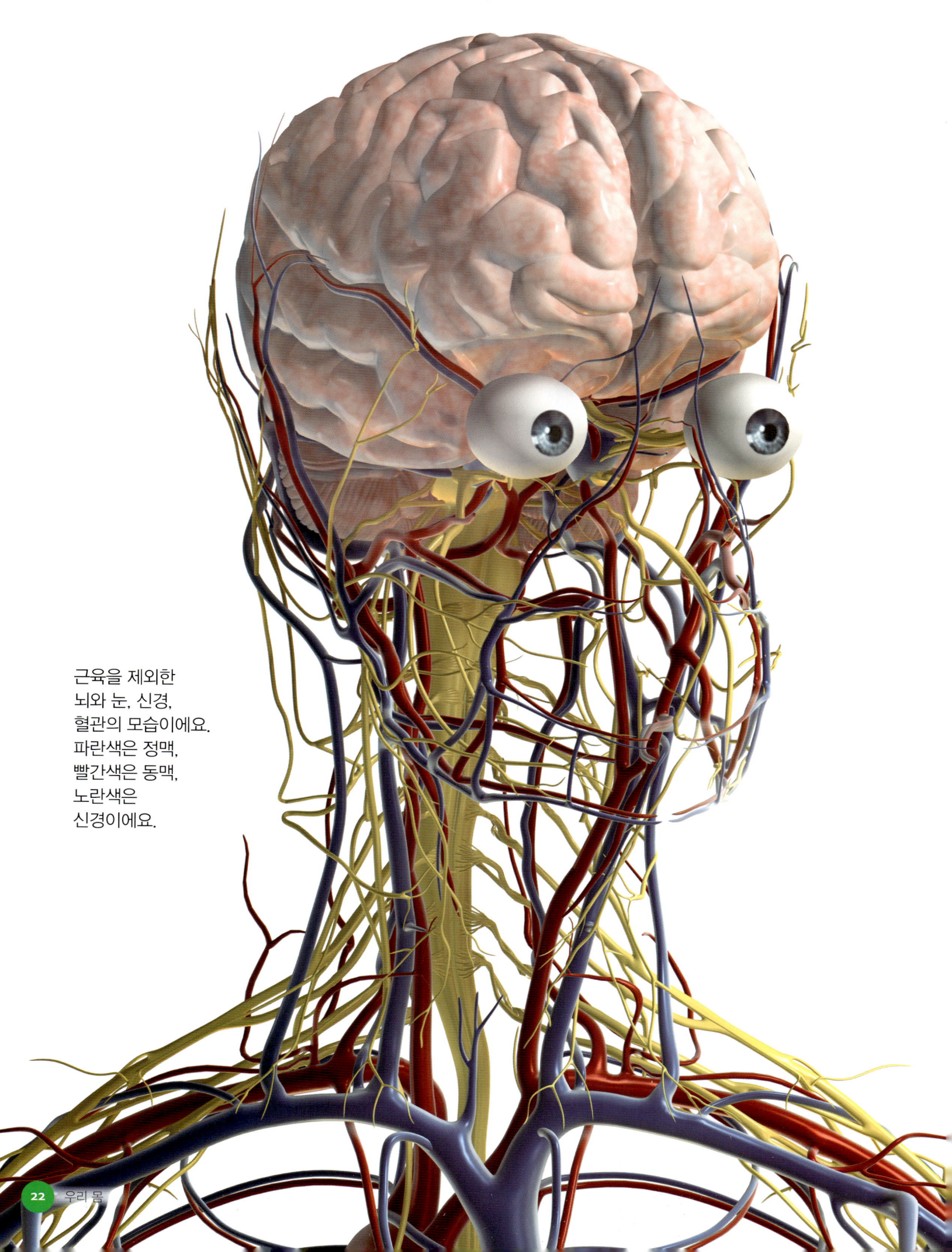

근육을 제외한
뇌와 눈, 신경,
혈관의 모습이에요.
파란색은 정맥,
빨간색은 동맥,
노란색은
신경이에요.

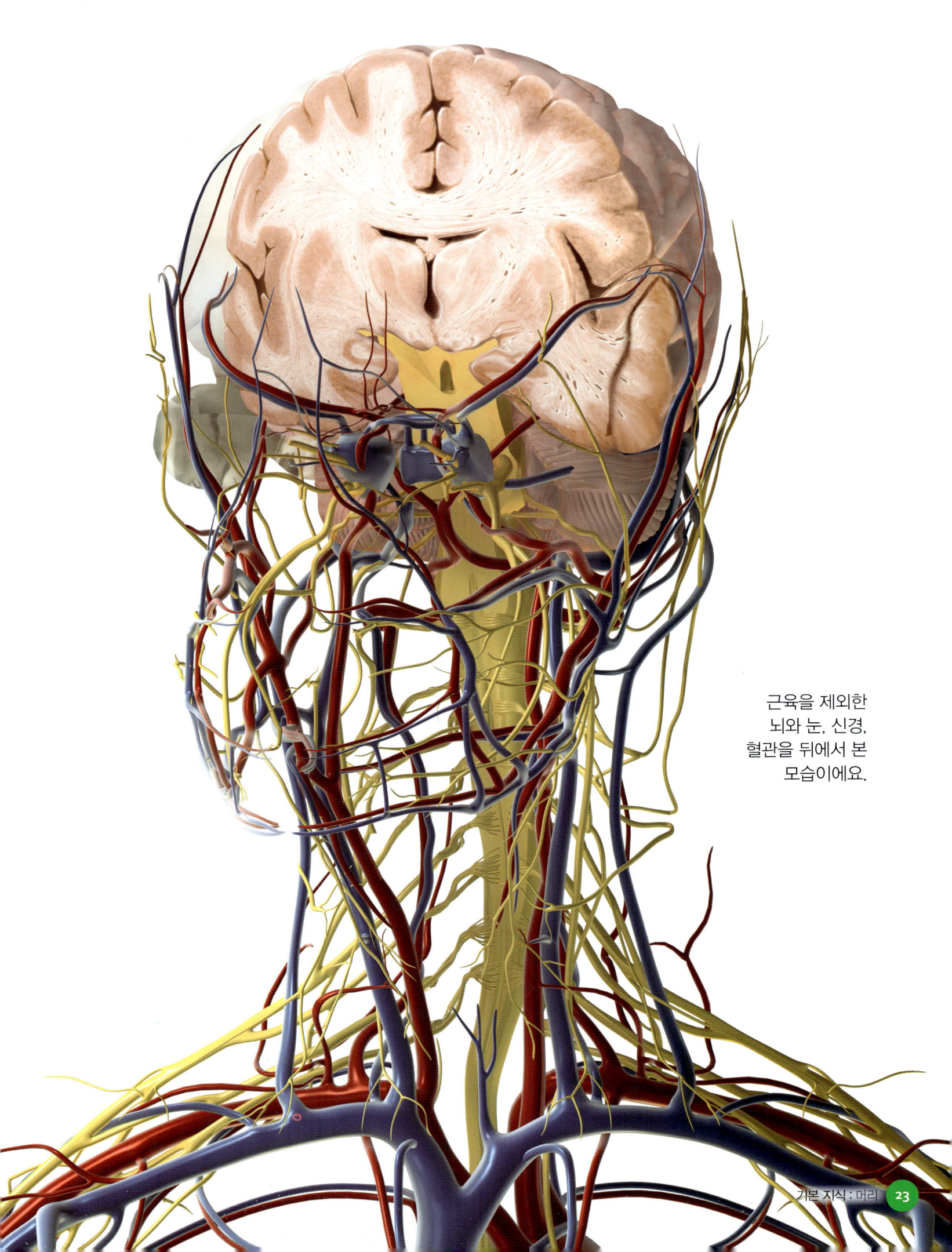

근육을 제외한 뇌와 눈, 신경, 혈관을 뒤에서 본 모습이에요.

조직 복구

우리 몸을 이루는 조직은 네 가지가 있어요. 상피 조직, 결합 조직, 근육 조직, 신경 조직이에요. 각각의 조직은 각자 다른 일을 하는 세포들이 모여 이루어져요. 상피 조직은 막 모양의 조직으로, 기관의 내면을 싸거나 피부를 이루는 조직이에요. 결합 조직은 기관 및 조직 사이를 메우고 이것들을 지지하는 조직이에요. 근육 조직은 몸을 움직이게 하고, 신경 조직은 뇌를 통해 몸의 각 부위로 신호를 전달하는 조직이에요. 조직이 손상을 입으면, 우리 몸은 즉시 수리에 나서요.

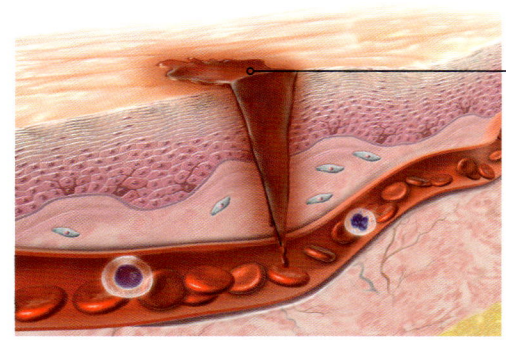

염증
몸에 상처가 나면 우리 몸은 즉각 행동을 취해요. 먼저 상처 부위가 빨갛게 변하고 부어올라요. 그리고 핏속의 특별한 성분이 피를 엉겨 붙게 해 상처 부위를 틀어막아요.

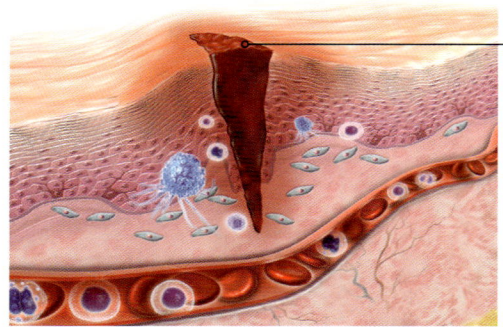

응고된 피
새로운 혈관이 상처 부위를 지나가면서 손상된 곳을 복구해요. 세포들은 단백질의 일종인 콜라겐을 만들어요. 콜라겐은 피부나 뼈, 근육 같은 조직들을 연결시키고 지탱하여 조직의 복구를 도와요.

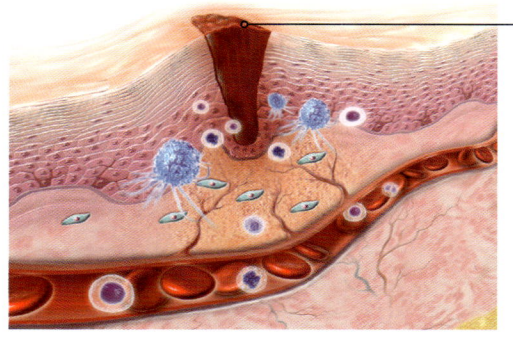

딱지
콜라겐은 새로운 조직으로 이루어진 층을 만들어요. 상처 바깥 주변에는 딱지가 생기고, 그 밑에서 새로운 조직이 자라나 상처 부위를 메우기 시작해요.

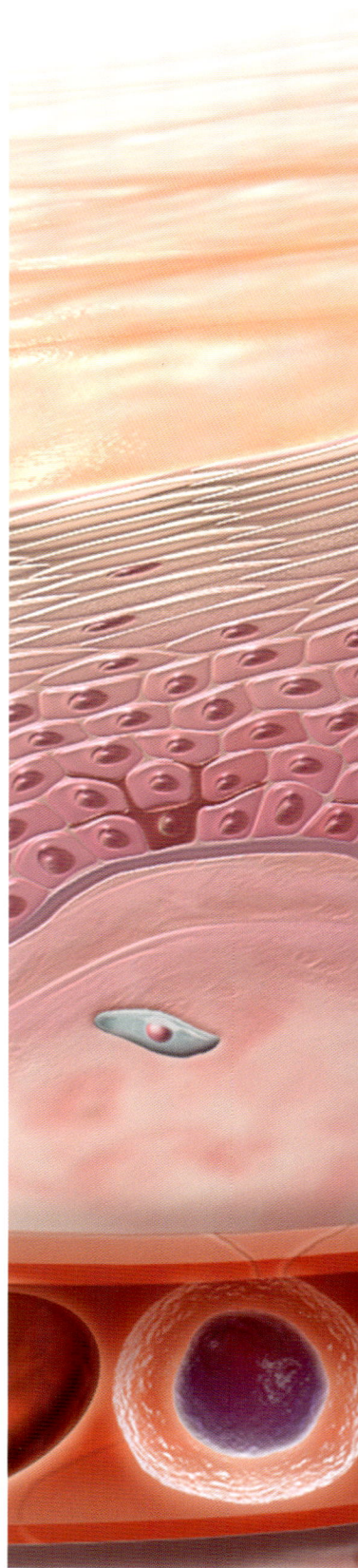

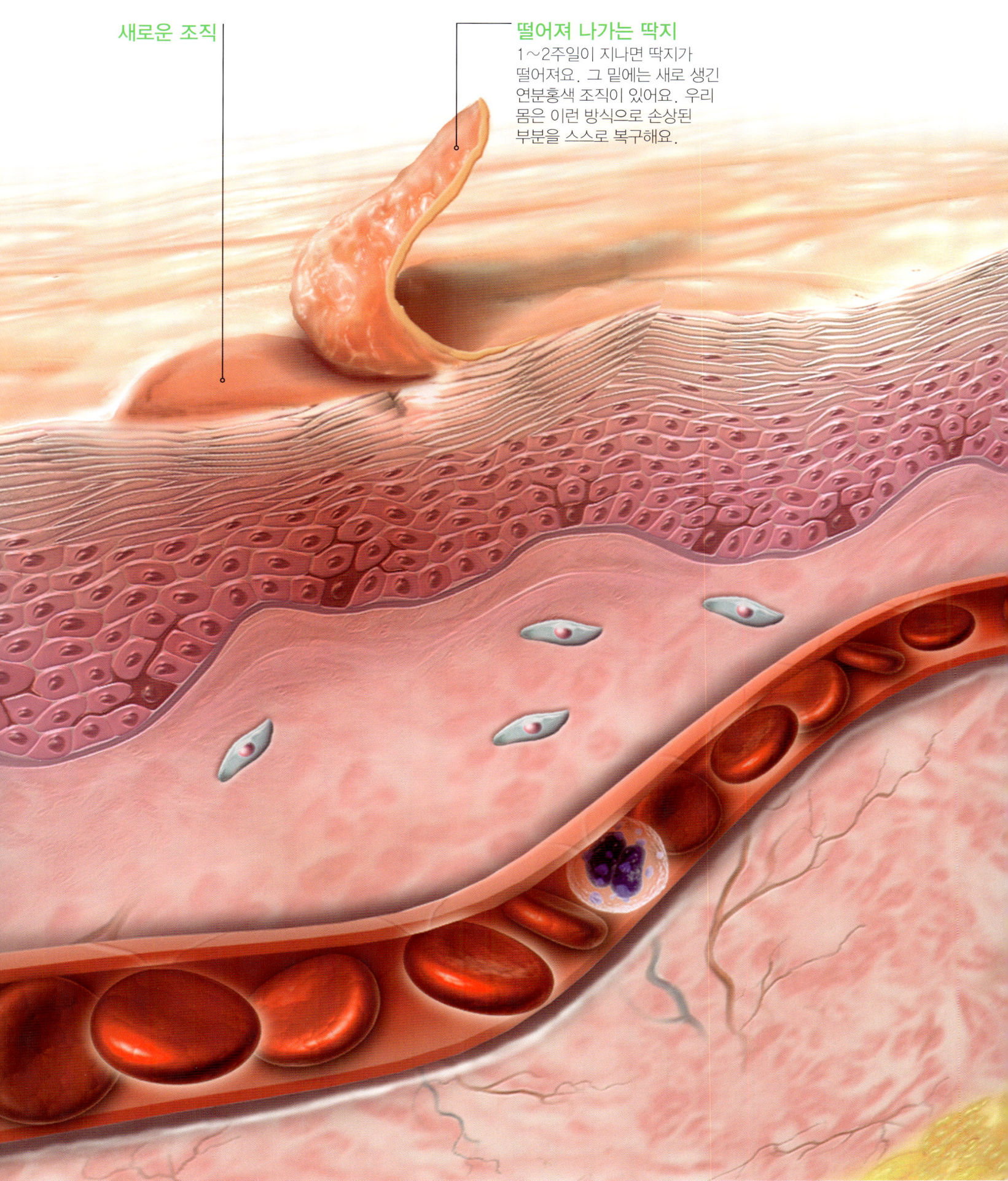

새로운 조직

떨어져 나가는 딱지
1~2주일이 지나면 딱지가 떨어져요. 그 밑에는 새로 생긴 연분홍색 조직이 있어요. 우리 몸은 이런 방식으로 손상된 부분을 스스로 복구해요.

피부

우리 몸 전체를 감싸고 있는 피부는
우리 몸에서 가장 크고 무거운 기관이에요.
어른의 피부는 약 5킬로그램의 무게에
표면적은 2제곱미터쯤 돼요. 1인용 침대와
비슷한 크기이지요. 피부는 우리 몸을 감싸서
붙들어 주는 일을 해요. 뿐만 아니라 물이나
세균, 오물 등이 몸속으로 들어가지 못하게
막아 줘요. 표피 아래에는 진피라고
부르는 피부층이 있어요. 진피는
피부를 탄탄하게 지탱하는 역할을 해요.
진피 아래에는 지방층이 있는데,
지방층은 체온을 일정하게
유지하도록 해 줘요.

신경 신경 섬유의 끝 부분인 신경 종말은 뇌로 메시지를 보내요.

땀샘 우리 몸은 땀샘을 통해 노폐물과 땀을 배출해요. 몸이 더워지면, 땀샘에서 땀을 내서 체온을 조절해요.

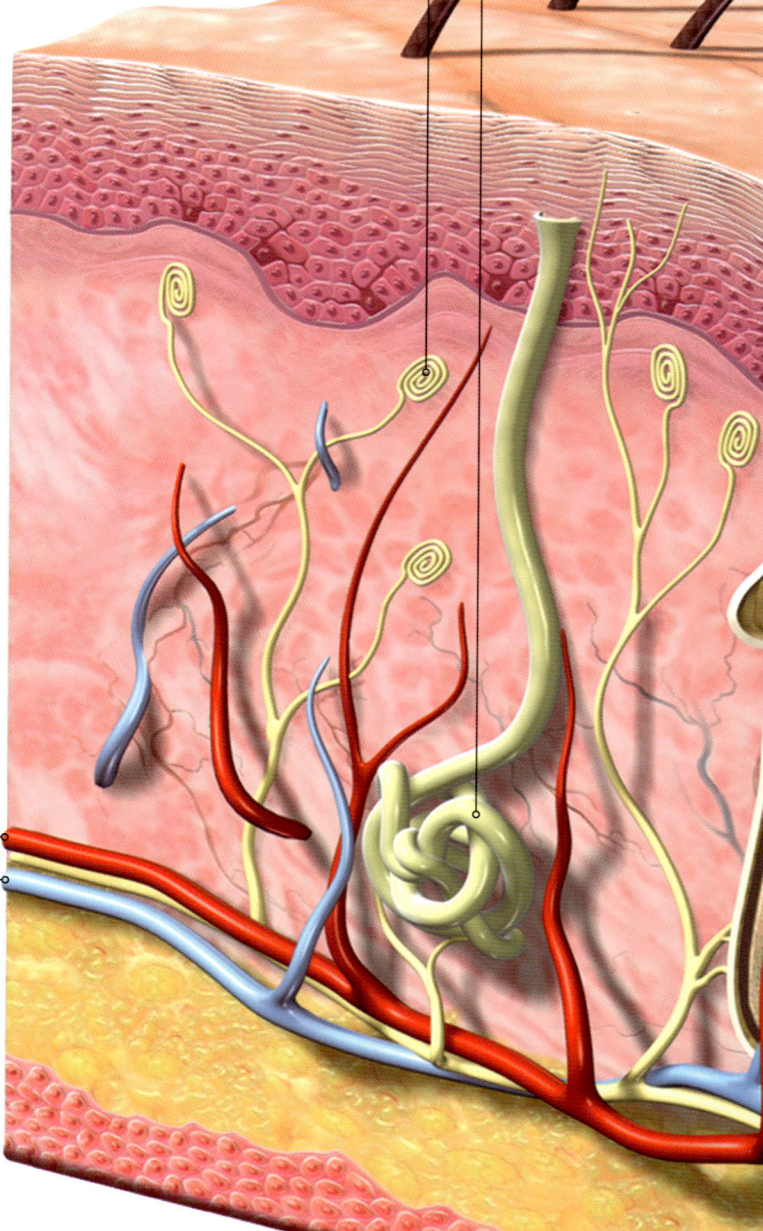

동맥
정맥

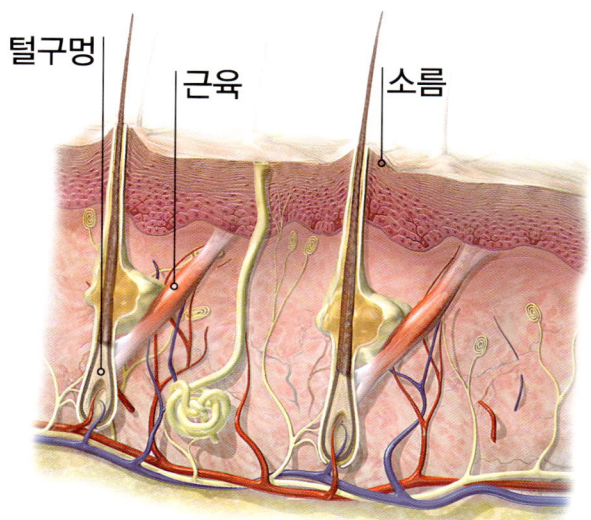

털구멍 / 근육 / 소름

털은 표피 밑에 있는 근육 세포에 붙어 있어요. 우리 몸은 춥거나 겁이 났을 때 소름이 돋아요. 소름은 근육 세포가 수축하면서 털이 꼿꼿하게 서는 거예요.

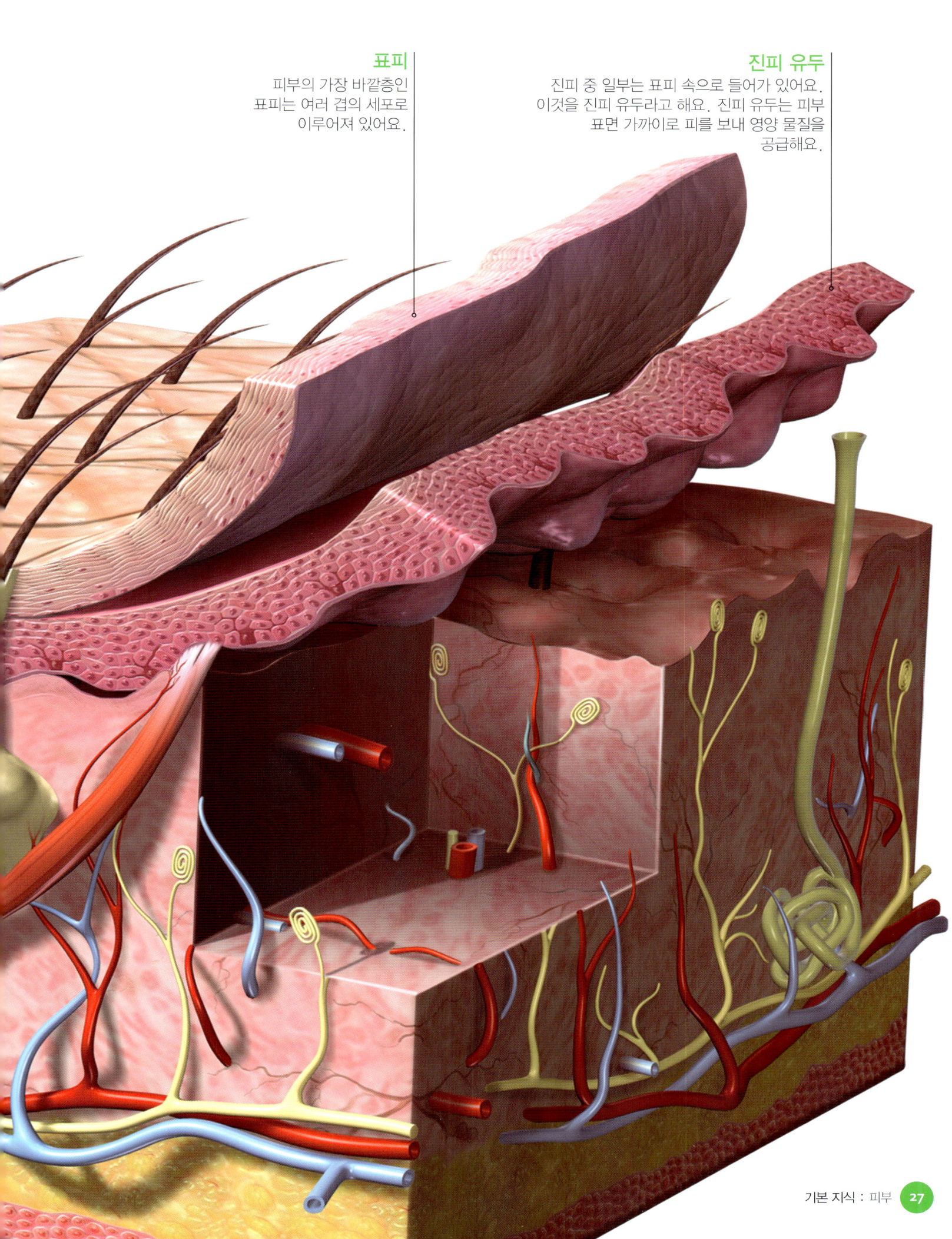

털

털과 피부, 손톱과 발톱은 모두 케라틴이라는 단백질로 구성되어 있어요. 털은 손바닥과 발바닥, 입술을 제외한 모든 피부에서 자라요. 털, 피부, 손톱, 발톱의 가장 바깥층은 죽은 세포들로 이루어져 있지만, 피부 아래에서는 계속해서 새로운 세포가 만들어지고 있어요. 피부에는 피부와 털에 기름을 분비하는 특별한 샘이 있어요.

손톱은 손톱 판, 손톱 뿌리, 손톱 끝으로 이루어져 있어요. 손톱 판은 우리 눈에 보이는 부분이고, 손톱 뿌리는 케라틴이 만들어지는 손톱 밑부분을 가리키는 말이에요. 손톱 끝은 말 그대로 손톱의 끝 부분이에요.

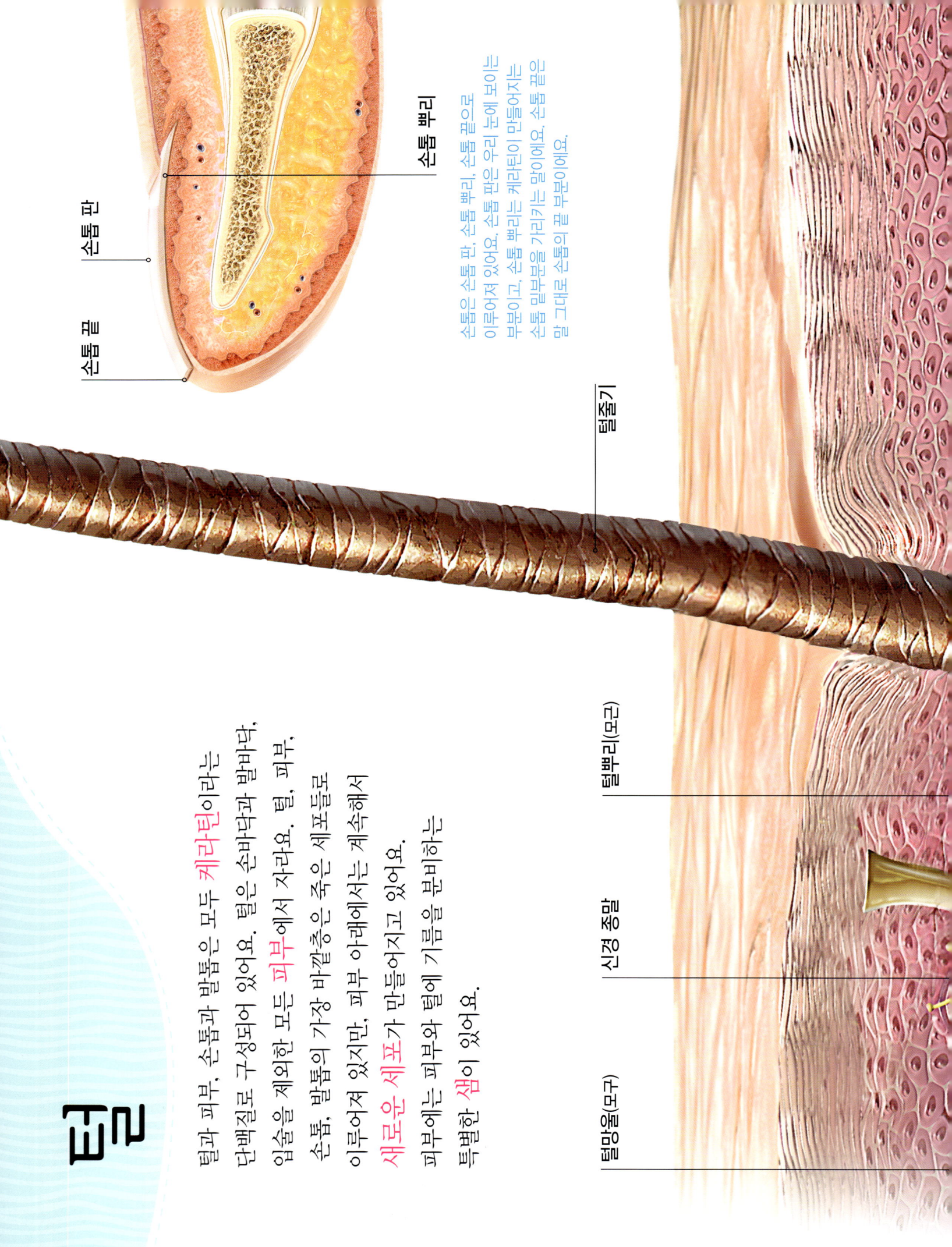

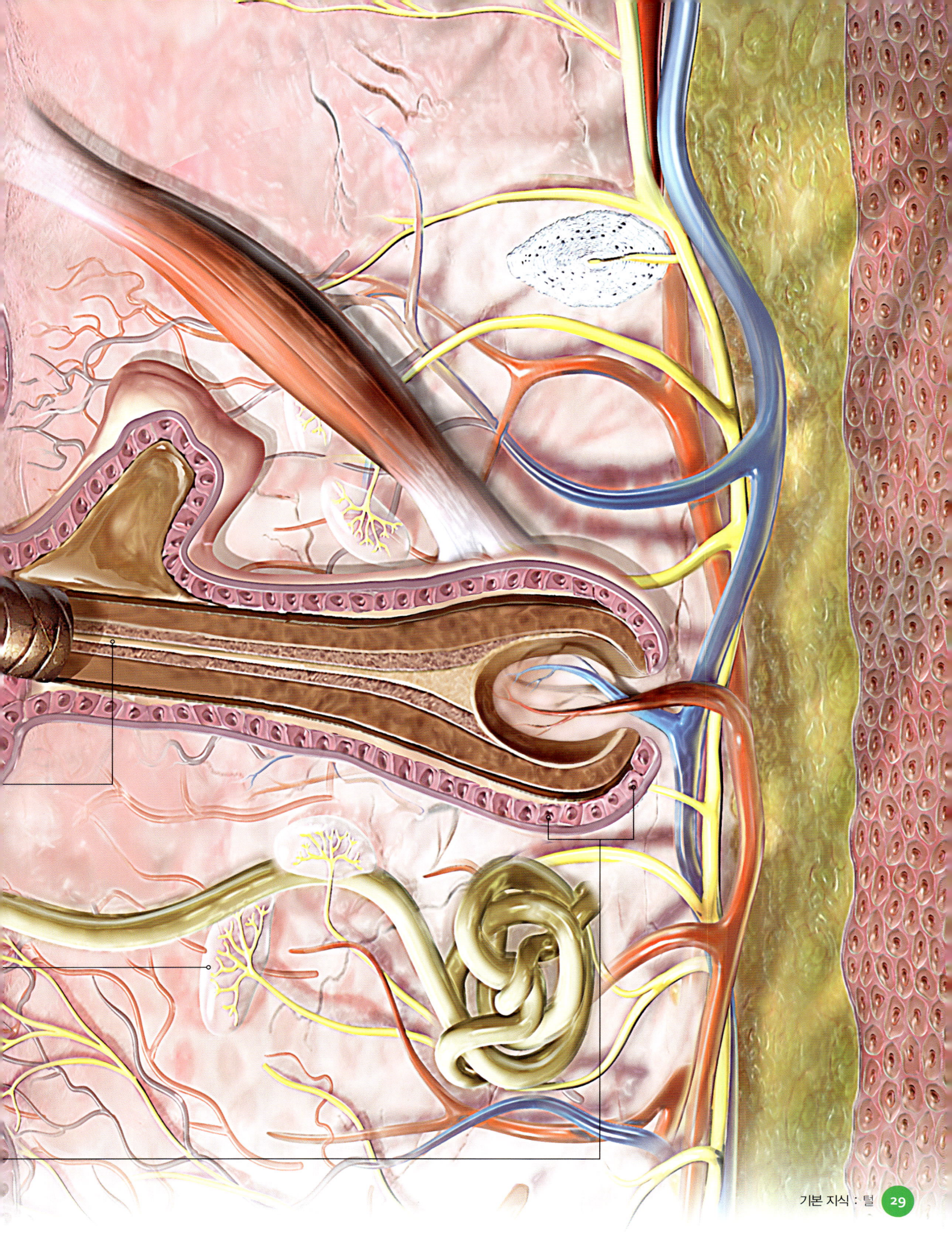

기본 지식 : 털

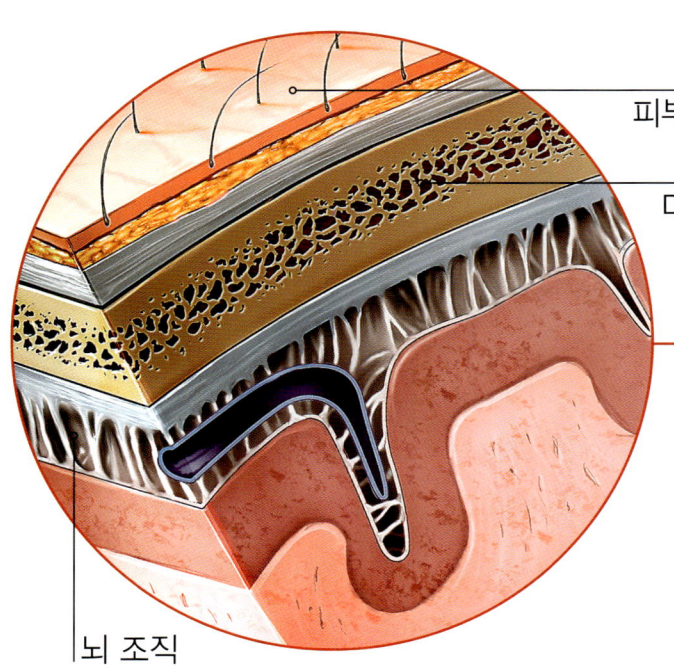

피부
머리뼈
뇌 조직

우리의 뇌는 피부와 단단한 머리뼈, 뇌 조직 등에 둘러싸여 안전하게 보호받고 있어요.

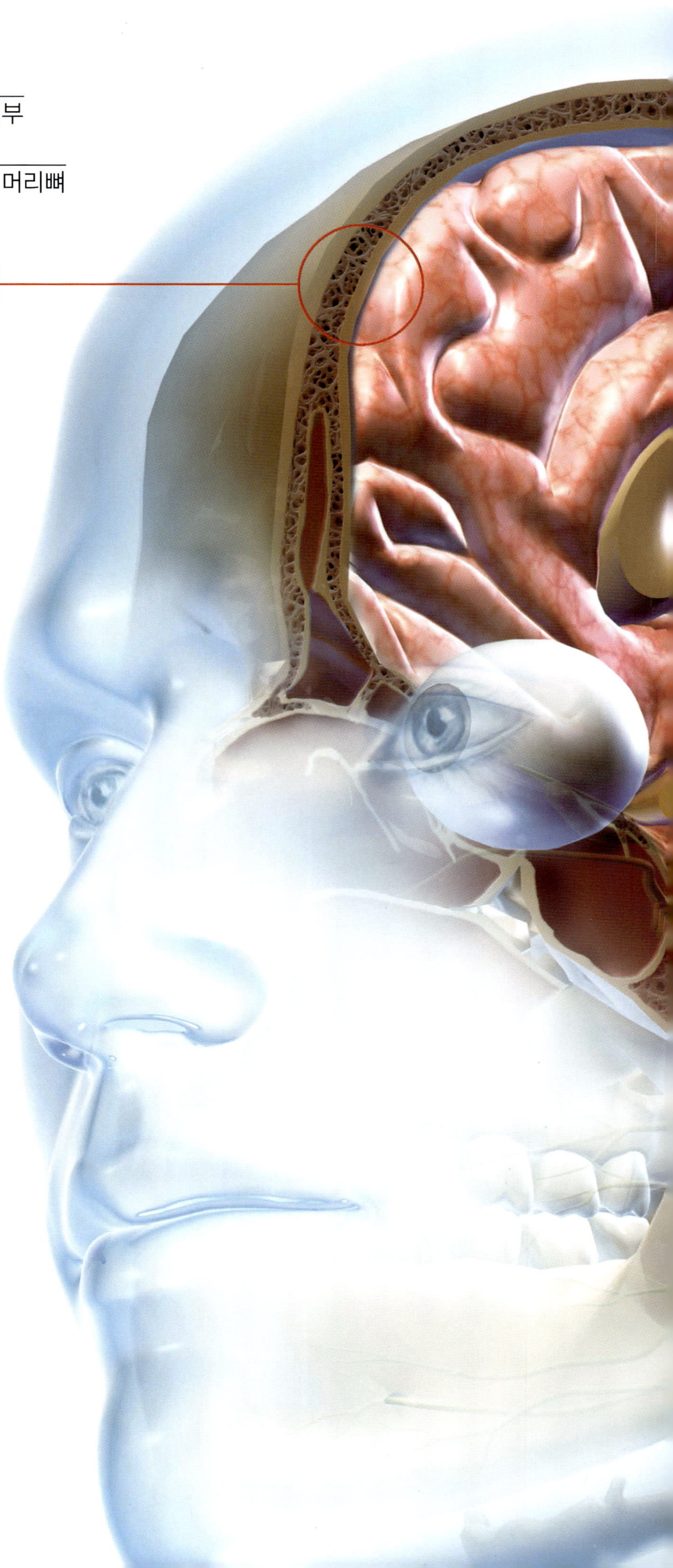

뇌

뇌는 우리 몸의 지휘 본부예요. 뇌는 신경 신호로 들어온 정보를 처리해 우리가 보고, 냄새 맡고, 맛본 것이 무엇인지, 그리고 우리 몸이 뜨거운지, 배고픈지, 혹은 고통을 느끼는지 등을 알게 해 줘요. 또한 뇌는 우리가 운동할 때 땀이 나는 것처럼 몸의 활동을 조절하는 신호도 내보내요. 기억과 감정, 상상도 모두 뇌를 이루고 있는 수십억 개의 세포들이 담당하는 기능이에요.

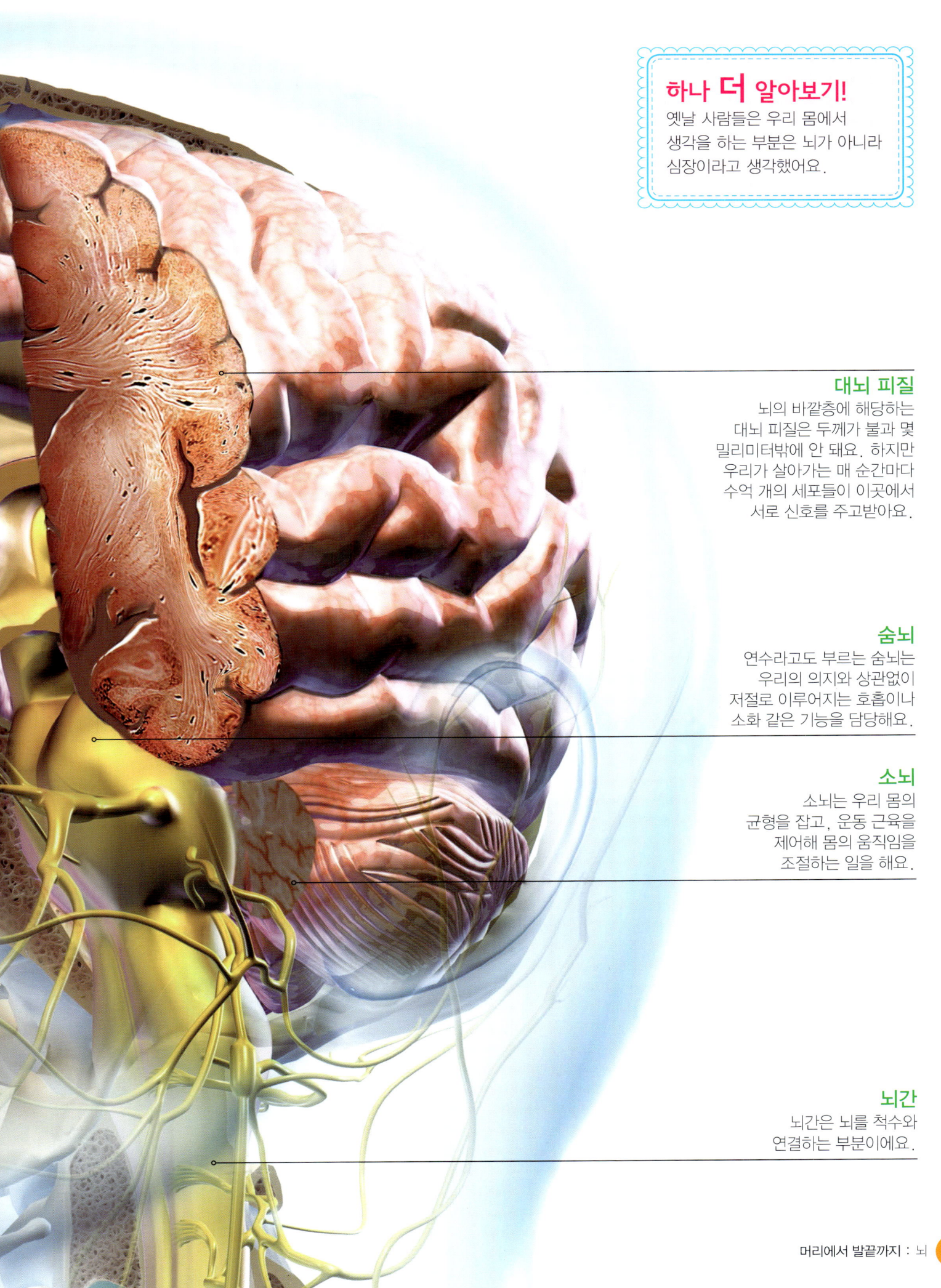

> **하나 더 알아보기!**
> 옛날 사람들은 우리 몸에서 생각을 하는 부분은 뇌가 아니라 심장이라고 생각했어요.

대뇌 피질
뇌의 바깥층에 해당하는 대뇌 피질은 두께가 불과 몇 밀리미터밖에 안 돼요. 하지만 우리가 살아가는 매 순간마다 수억 개의 세포들이 이곳에서 서로 신호를 주고받아요.

숨뇌
연수라고도 부르는 숨뇌는 우리의 의지와 상관없이 저절로 이루어지는 호흡이나 소화 같은 기능을 담당해요.

소뇌
소뇌는 우리 몸의 균형을 잡고, 운동 근육을 제어해 몸의 움직임을 조절하는 일을 해요.

뇌간
뇌간은 뇌를 척수와 연결하는 부분이에요.

감정

우리가 분노와 행복, 사랑 같은 감정을 느끼는 것은 뇌 속의 몇몇 작은 구조들 때문이에요. 이 부분이 어떤 감정을 느끼기 시작하면, 전전두엽 피질이 이 감정을 어떻게 처리해야 할지 결정하도록 도와줘요. 어린아이가 짜증을 잘 내는 것은 전전두엽 피질이 제대로 발달하지 않아 감정을 잘 다스리지 못하기 때문이에요.
감정은 기억에도 중요한 역할을 해요. 싫어하는 것보다 좋아하는 것을 하는 방법을 더 잘 기억하는 것은 바로 이 때문이에요.

사람은 다른 사람의 마음을 읽을 수는 없지만, '육감'이라는 것을 가지고 있어요. 과학자들은 우리의 뇌가 잊어버렸다고 생각한 경험이나 감정을 기억해 내는 게 바로 육감이 아닐까 하고 생각해요.

전전두엽 피질
뇌 앞쪽에 있는 전전두엽 피질은 이성과 판단을 이용해 감정을 조절할 수 있게 해 줘요.

우리 몸

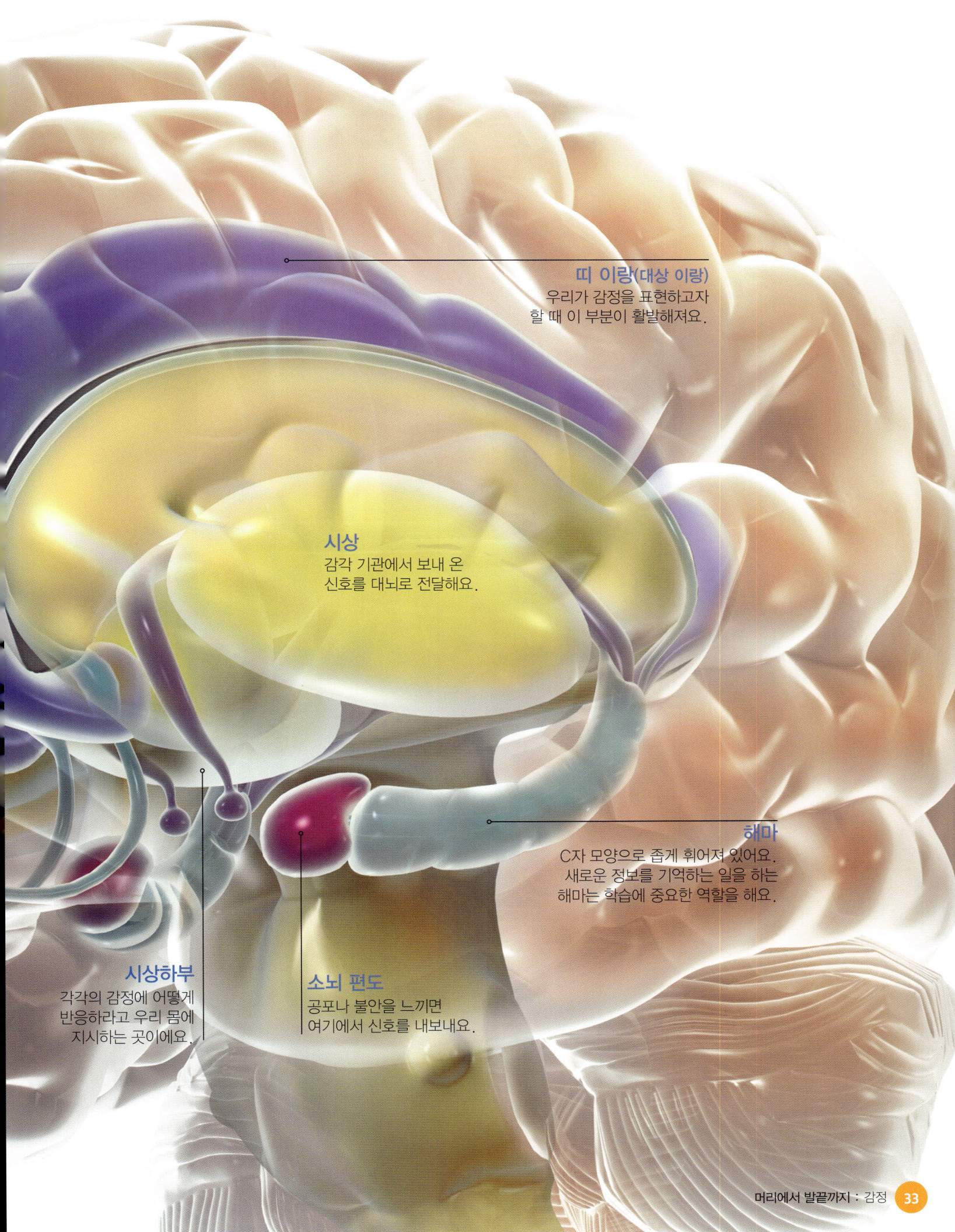

심장

심장은 **피**를 **몸 전체**로 보내는 일을 해요. **가슴**안에서 **왼쪽**에 있어요.

뒤쪽에서 본 심장 모습이에요. 심장 바깥층을 벗겨 내면 이렇게 보여요.

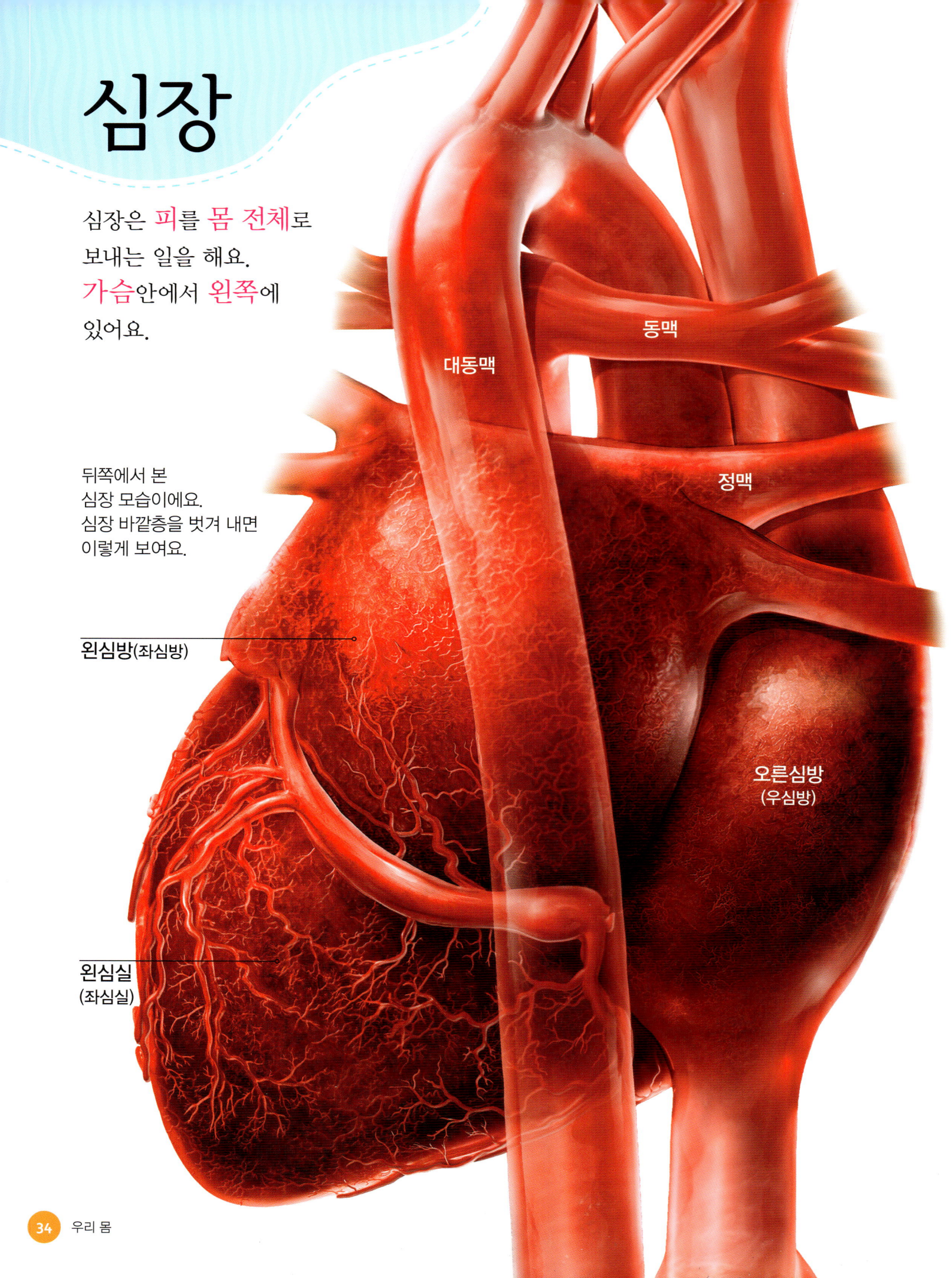

- 대동맥
- 동맥
- 정맥
- 왼심방(좌심방)
- 오른심방(우심방)
- 왼심실(좌심실)

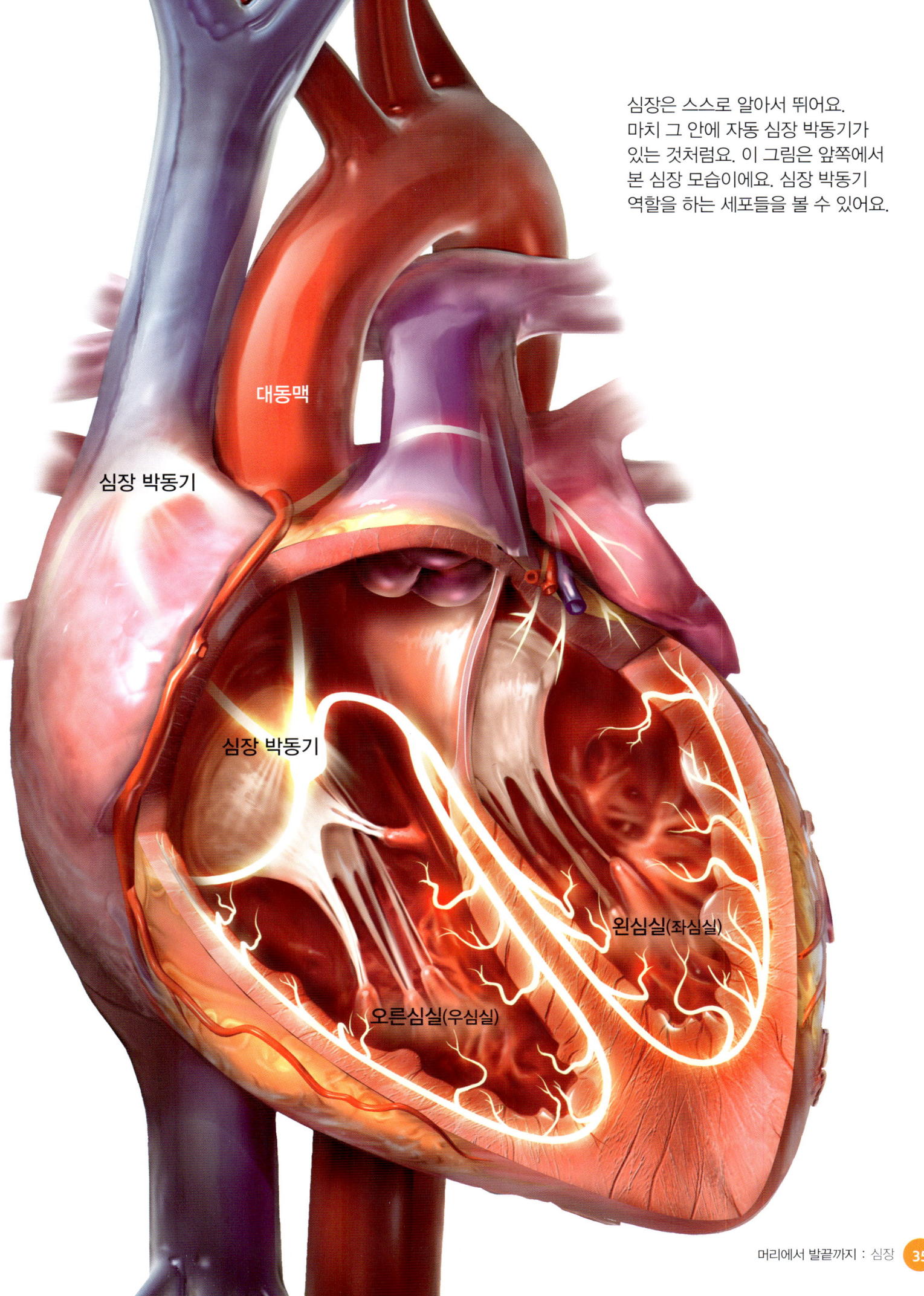

뒤쪽에서 본 심장 모습이에요. 심장에서 몸으로 피가 나가는 큰 혈관인 대동맥을 볼 수 있어요.

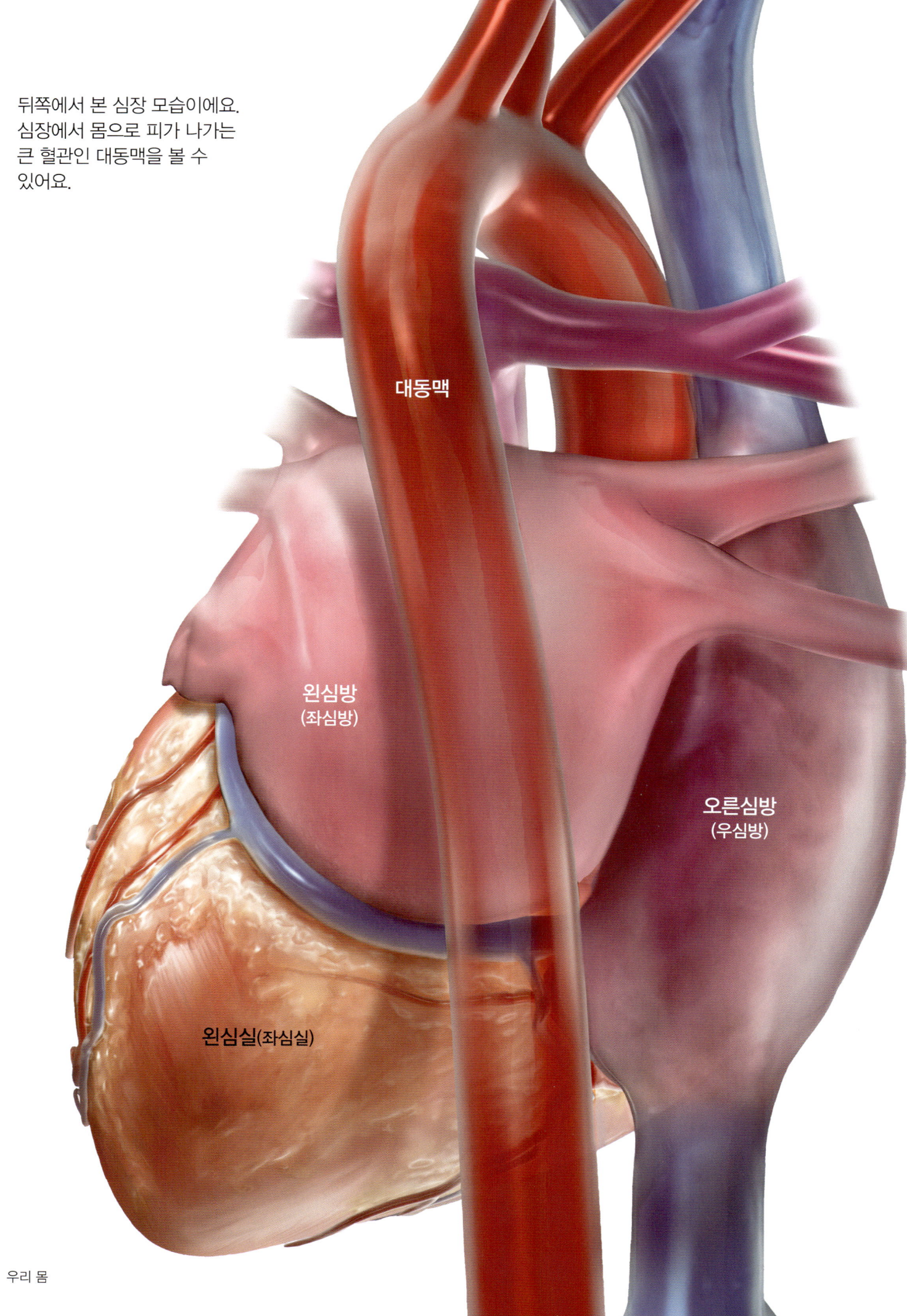

대동맥

왼심방
(좌심방)

오른심방
(우심방)

왼심실(좌심실)

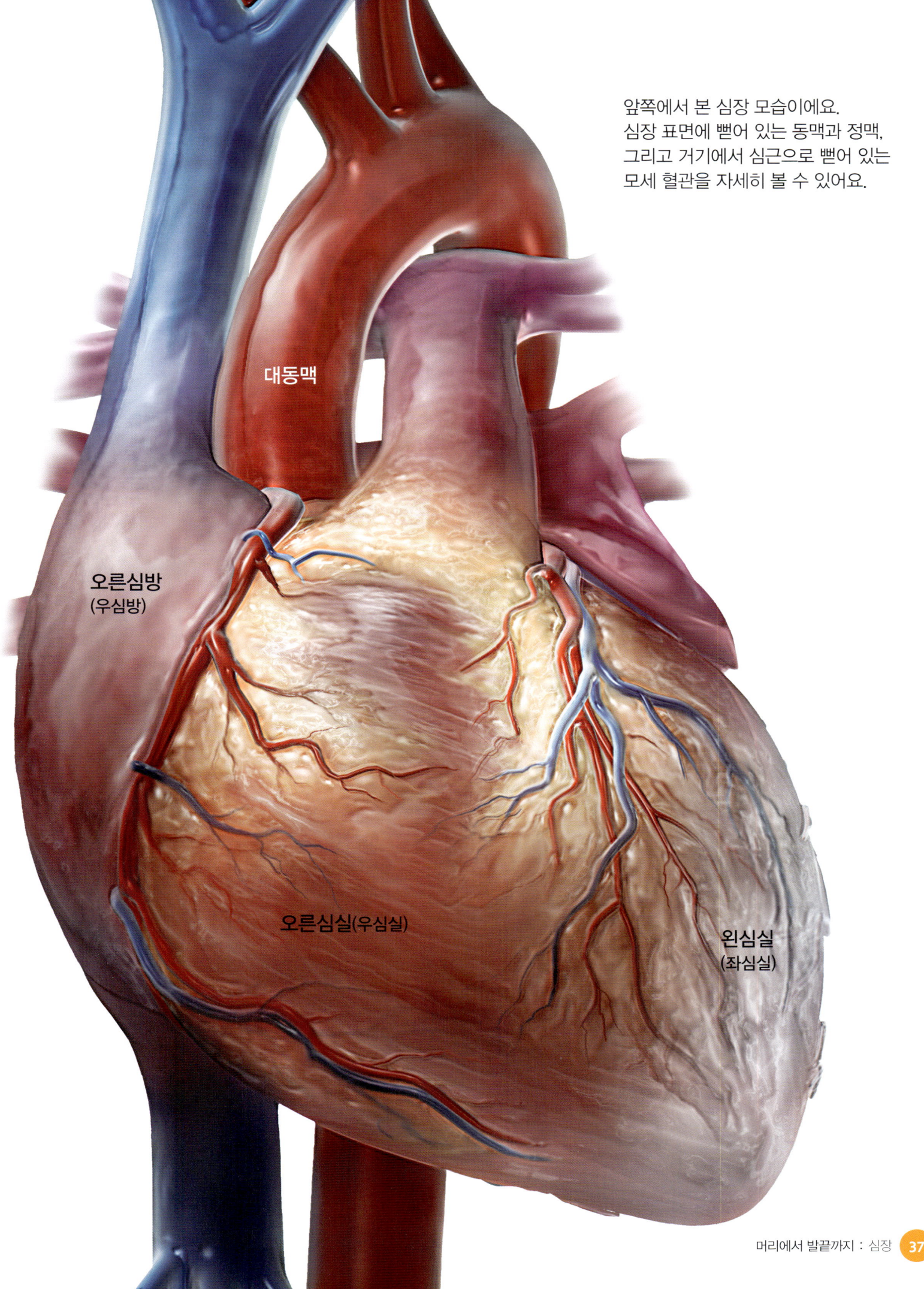

앞쪽에서 본 심장 모습이에요. 심장 표면에 뻗어 있는 동맥과 정맥, 그리고 거기에서 심근으로 뻗어 있는 모세 혈관을 자세히 볼 수 있어요.

심장 주기

우리의 심장은 하루에 약 10만 번 뛰어요. 심장이 한 번 뛸 때마다 심장은 수축했다가 다시 이완하지요. 심장에 있는 4개의 방은 2개의 펌프와 같아요. 오른심실은 허파(폐)로 가는 피를 펌프질해요. 왼심실은 허파에서 산소가 많은 피를 몸 구석구석으로 펌프질해 보내요. 이렇게 심장은 하루 24시간 내내 잠시도 쉬지 않고 피를 펌프질하고 있어요.

심장의 구조

심장은 크게 네 부분으로 나누어져 있어요. 위쪽에는 왼심방과 오른심방이 있고, 아래쪽에는 왼심실과 오른심실이 있지요. 몸 구석구석을 돌고 심장으로 오는 피는 오른심방으로 들어오고, 허파에서 심장으로 오는 피는 왼심방으로 들어와요.

- 왼심실
- 오른심실
- 피가 가득 찬 왼심방
- 피가 가득 찬 오른심방

38 우리 몸

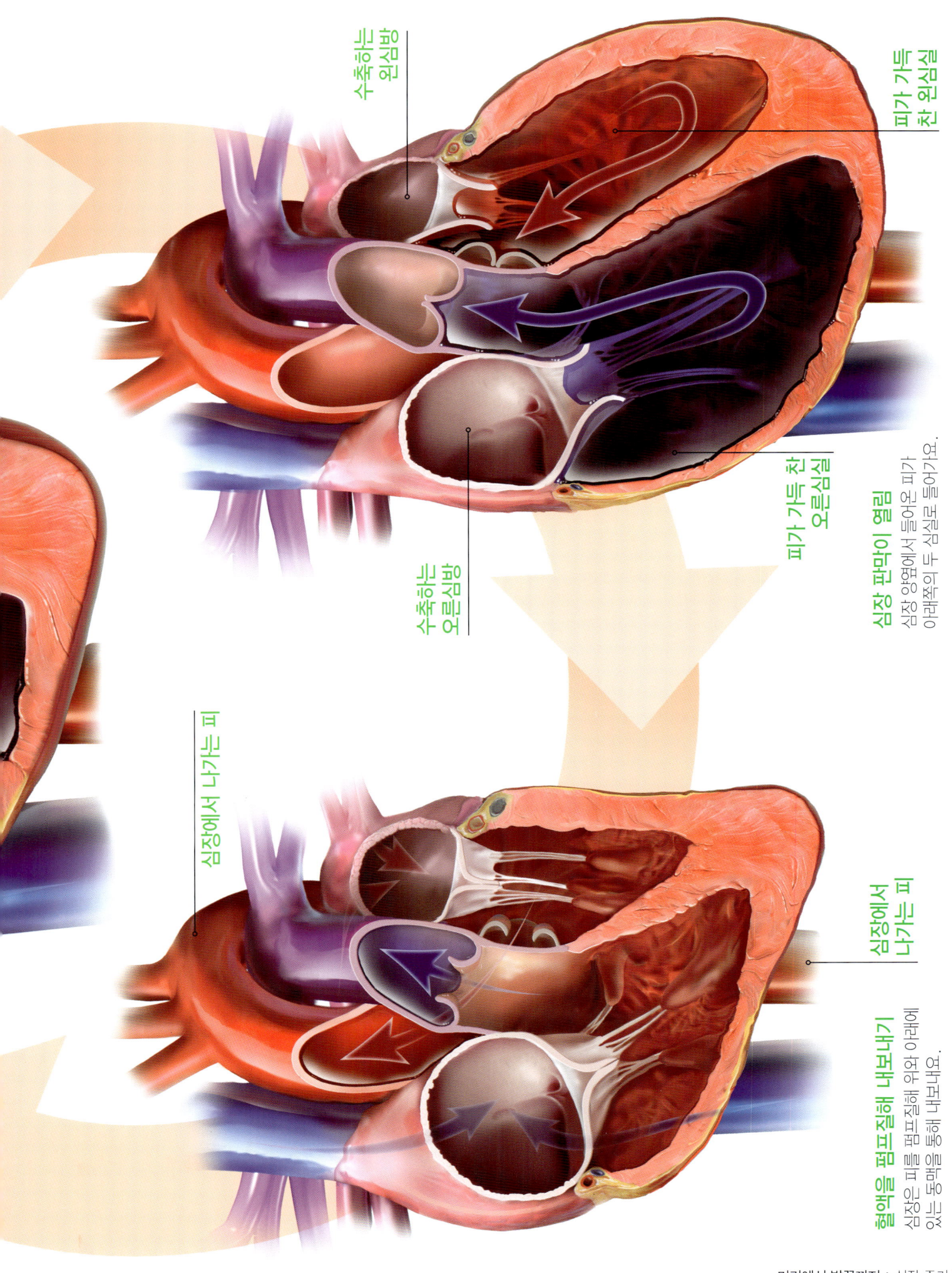

머리에서 발끝까지 : 심장 주기

팔

우리가 피아노를 **연주**한다든가 공을 던진다든가 그림을 그린다든가 하는 여러 가지 일을 할 수 있는 것은 **팔**과 **손**을 이루고 있는 **뼈**와 **관절**과 **근육**이 각자 맡은 일을 제대로 해내기 때문이에요. 팔은 3개의 큰 뼈로 이루어져 있어요. **위팔뼈**는 팔꿈치 관절을 통해 **아래팔뼈**와 연결되어 있어요. 팔꿈치 관절은 팔을 안쪽으로 구부릴 수 있게 하고, 또 손과 아래팔을 좌우로 돌릴 수 있게 해요.

하나 더 알아보기!
팔꿈치 아랫부분을 툭 치면 전기가 흐르는 것처럼 찌릿해요. 그래서 이 부분을 영어로 '퍼니 본(funny bone : 웃기는 뼈)'이라고 불러요. 하지만 사실은 뼈가 아니에요. 위팔뼈 끝 쪽에 신경이 노출되어 있어 찌릿한 거예요.

노뼈(요골)
아래팔뼈를 이루는 2개의 뼈 중 짧은 뼈가 노뼈예요. 노뼈는 팔꿈치와 손목을 이어 주는 뼈예요.

자뼈(척골)
자뼈는 노뼈와 나란히 뻗어 있어요. 팔꿈치에서 뾰족하게 튀어나온 뼈예요.

손가락에는 근육이 하나도 없어요. 근육 대신 힘줄이 손가락뼈를 손바닥과 아래팔의 근육과 연결하고 있어요. 그 근육이 힘줄을 잡아당겨 손가락이 움직이는 거예요.

손가락뼈
손가락뼈는 손가락을 빠르고 정확하게 움직일 수 있게 해 줘요.

손허리뼈
이 가느다란 뼈들은 손바닥을 지지하고, 손가락뼈를 주먹결절에 연결시켜요.

손목뼈
짧은 손목뼈는 8개 있어요. 그중 2개만 손목 관절에서 팔뼈에 연결되어 있어요.

40 우리 몸

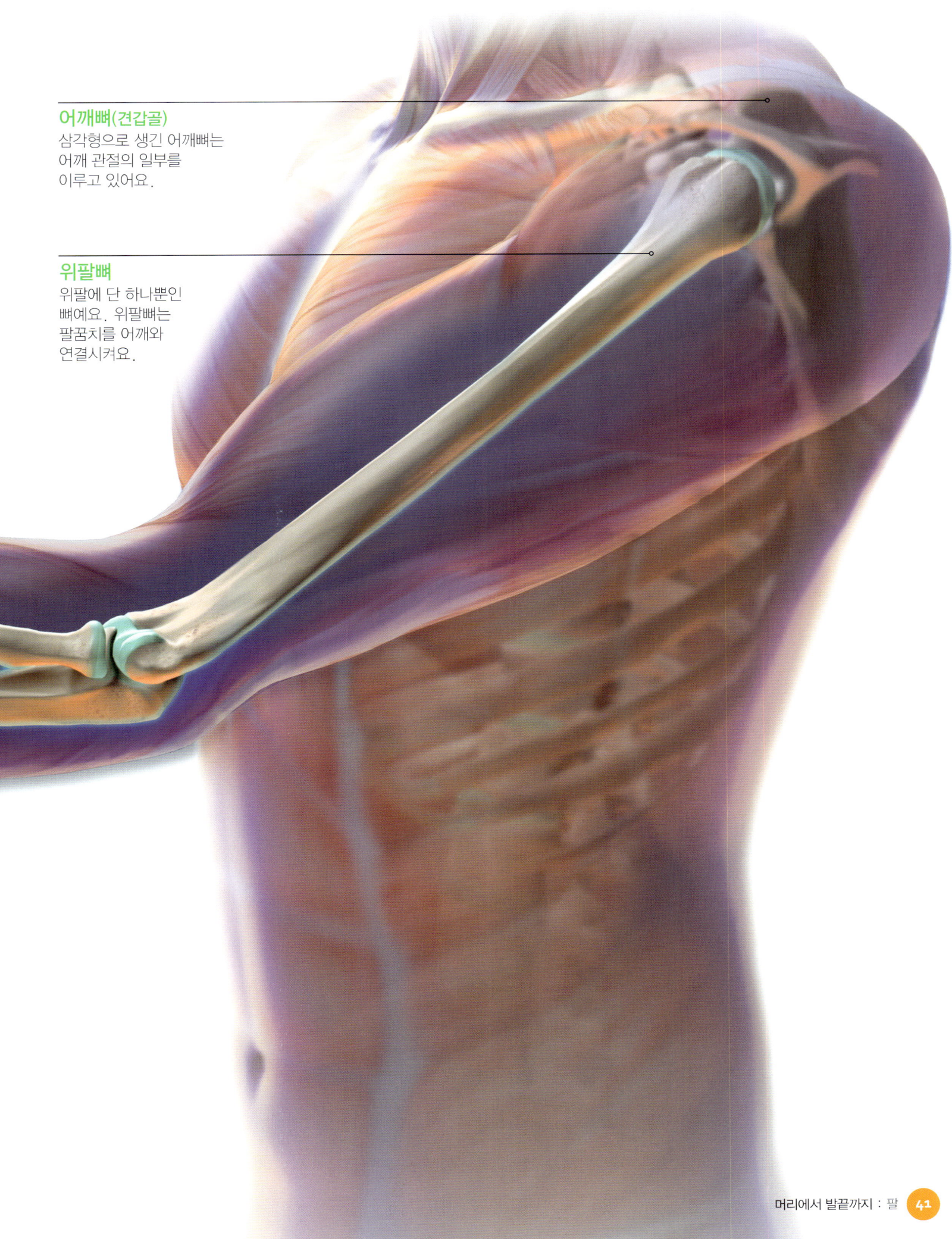

어깨뼈(견갑골)
삼각형으로 생긴 어깨뼈는
어깨 관절의 일부를
이루고 있어요.

위팔뼈
위팔에 단 하나뿐인
뼈예요. 위팔뼈는
팔꿈치를 어깨와
연결시켜요.

머리에서 발끝까지 : 팔

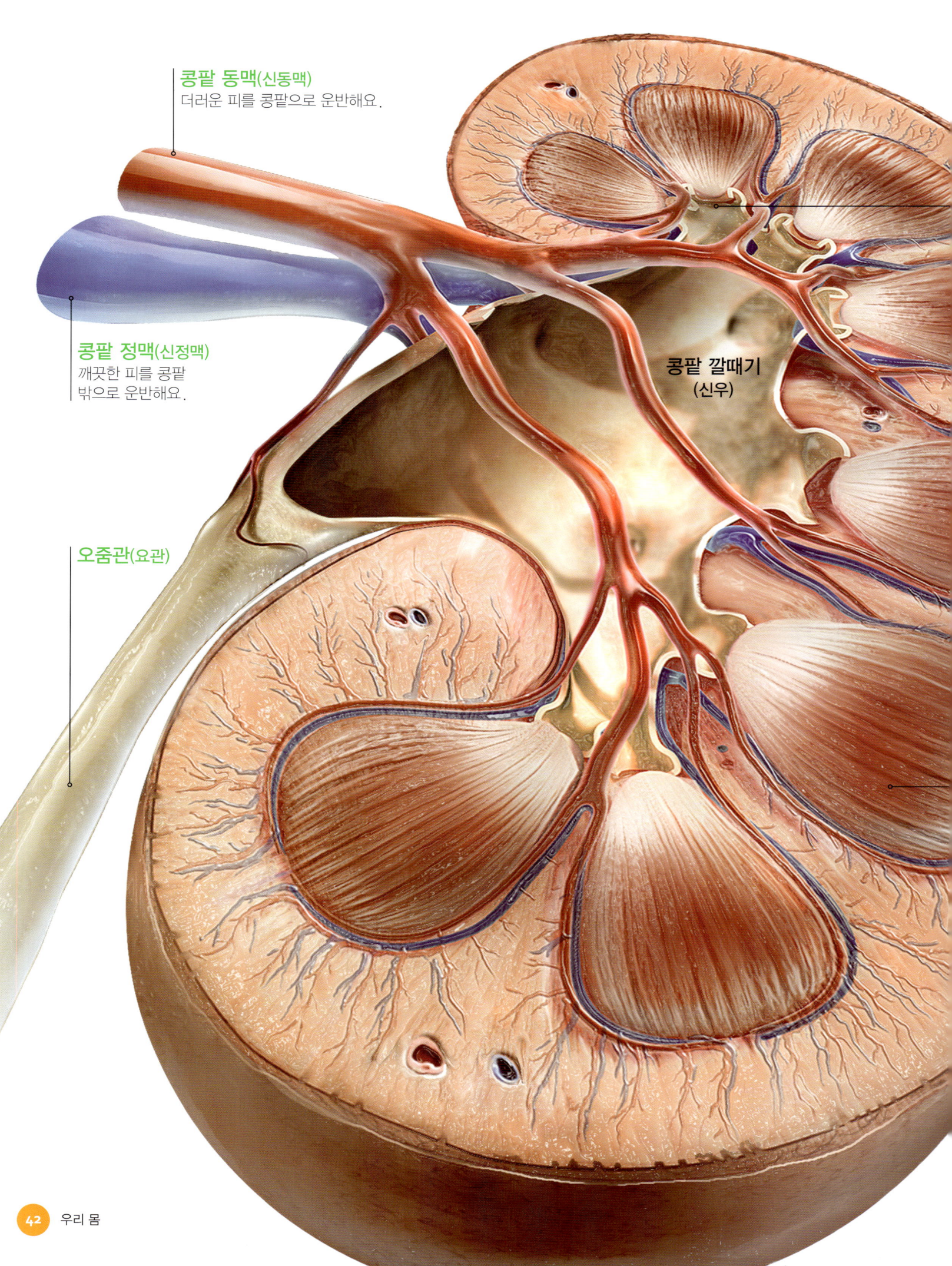

콩팥(신장)

콩팥잔(신배)
오줌은 콩팥잔에서 콩팥 깔때기로 갔다가 오줌관으로 흘러가요.

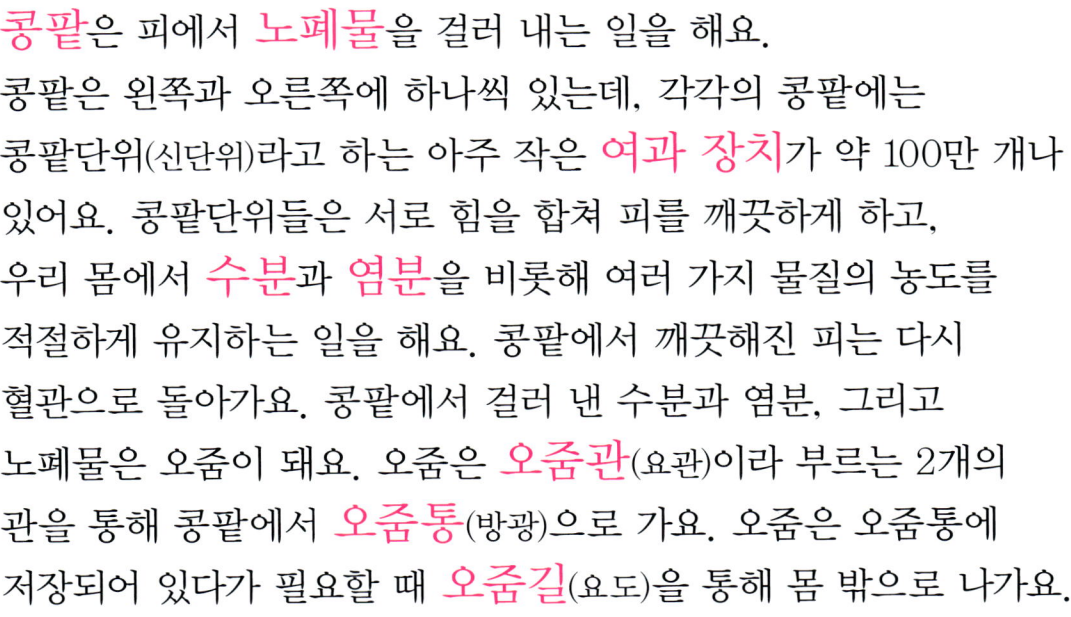

콩팥은 피에서 노폐물을 걸러 내는 일을 해요.
콩팥은 왼쪽과 오른쪽에 하나씩 있는데, 각각의 콩팥에는 콩팥단위(신단위)라고 하는 아주 작은 여과 장치가 약 100만 개나 있어요. 콩팥단위들은 서로 힘을 합쳐 피를 깨끗하게 하고, 우리 몸에서 수분과 염분을 비롯해 여러 가지 물질의 농도를 적절하게 유지하는 일을 해요. 콩팥에서 깨끗해진 피는 다시 혈관으로 돌아가요. 콩팥에서 걸러 낸 수분과 염분, 그리고 노폐물은 오줌이 돼요. 오줌은 오줌관(요관)이라 부르는 2개의 관을 통해 콩팥에서 오줌통(방광)으로 가요. 오줌은 오줌통에 저장되어 있다가 필요할 때 오줌길(요도)을 통해 몸 밖으로 나가요.

콩팥 겉질(신장 피질)
특별한 여과 장치로 피를 깨끗하게 걸러요.

콩팥 속질(신장 수질)
깨끗한 피가 수분을 다시 흡수할 수 있게 해 줘요.

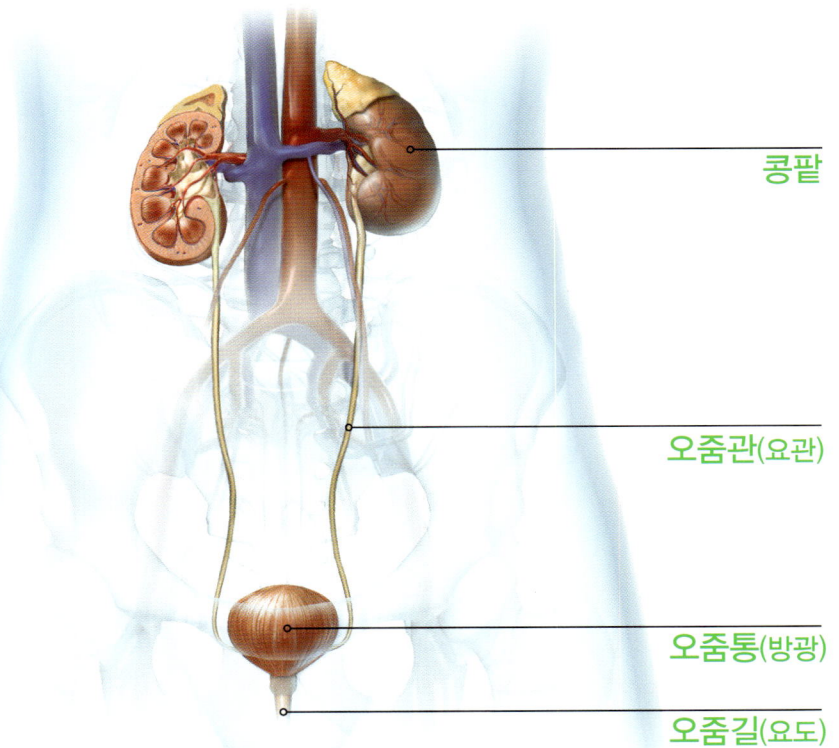

콩팥

오줌관(요관)

오줌통(방광)

오줌길(요도)

남자와 여자의 비뇨 기관은 오줌길(요도)을 빼고는 구조가 같아요. 남자는 오줌길(요도)의 길이가 약 22센티미터이지만, 여자는 약 5센티미터밖에 안 돼요.

가슴

가슴은 목과 가로막(횡경막) 사이의 부분으로 **심장, 허파** 등이 있어요.

가슴 근육은 몸이 밀고, 던지고, 기어오르는 일을 할 수 있도록 도와줘요. 가슴 근육 중에서 가장 큰 근육은 큰가슴근(대흉근)이에요.

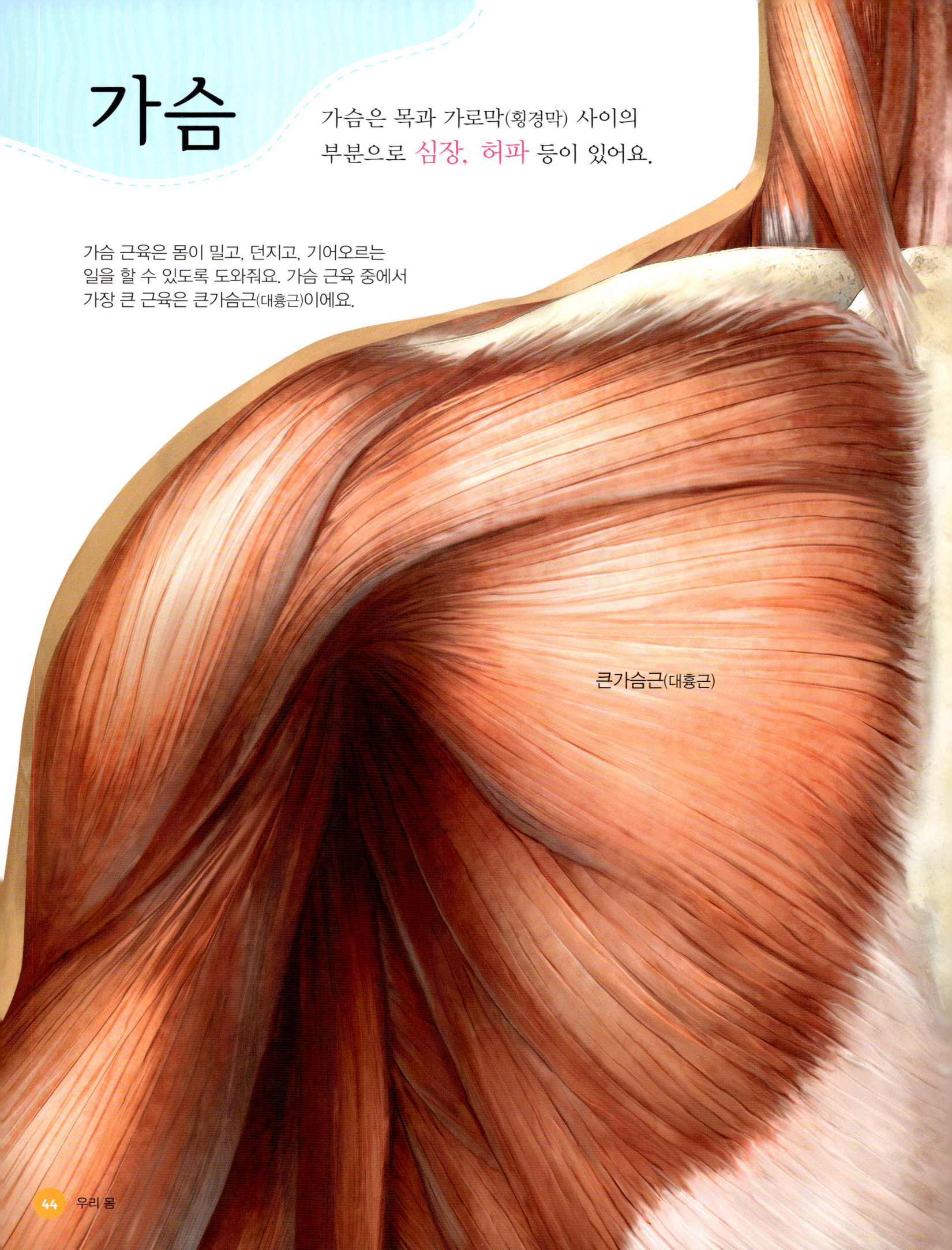

큰가슴근(대흉근)

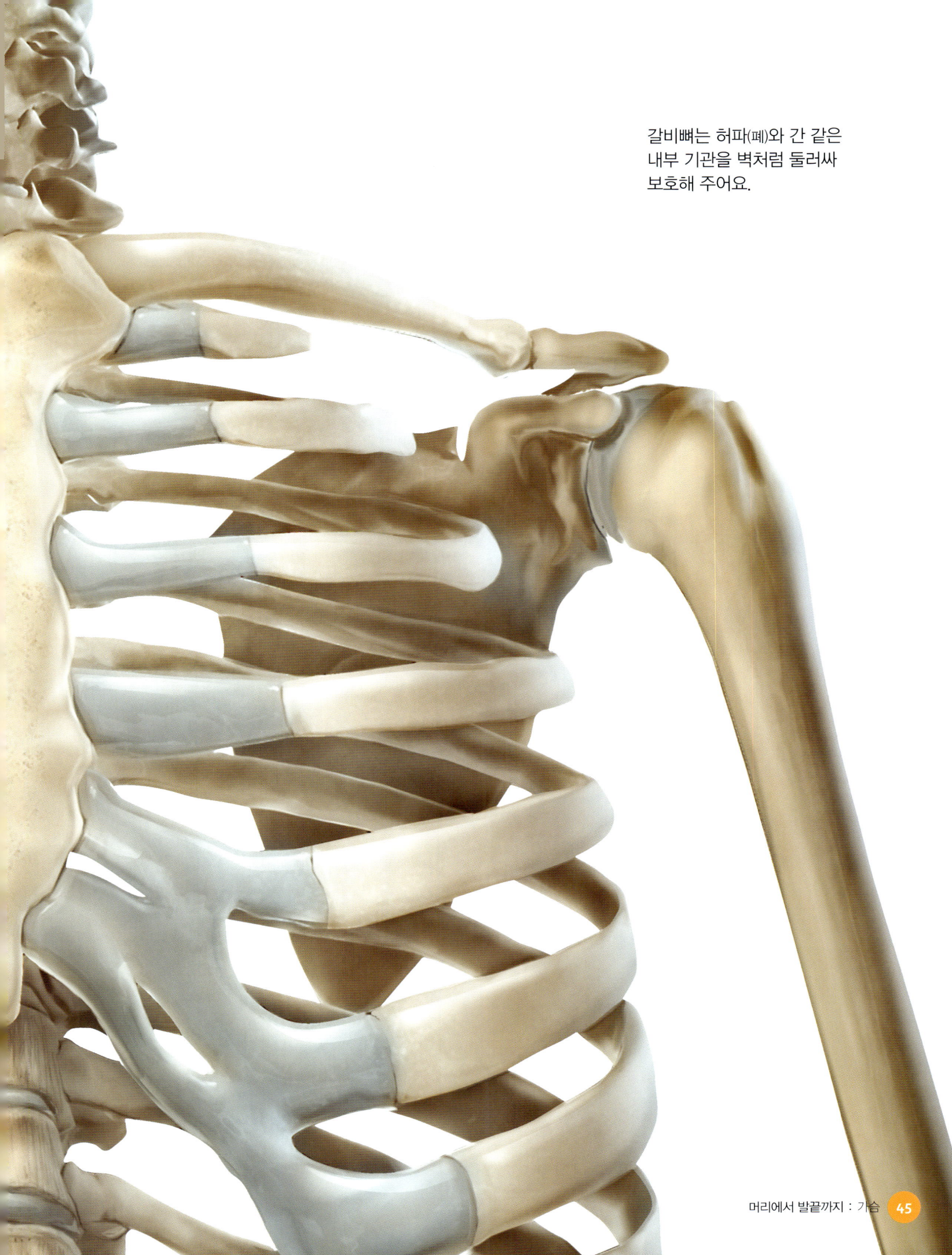

갈비뼈는 허파(폐)와 간 같은 내부 기관을 벽처럼 둘러싸 보호해 주어요.

머리에서 발끝까지 : 가슴 **45**

갈비뼈의 일부를 단면으로 나타낸 그림이에요.
갈비뼈는 겉으로 보면 곱고 촘촘해 보이지만,
속은 해면처럼 구멍이 숭숭 뚫려 있어 가벼워요.

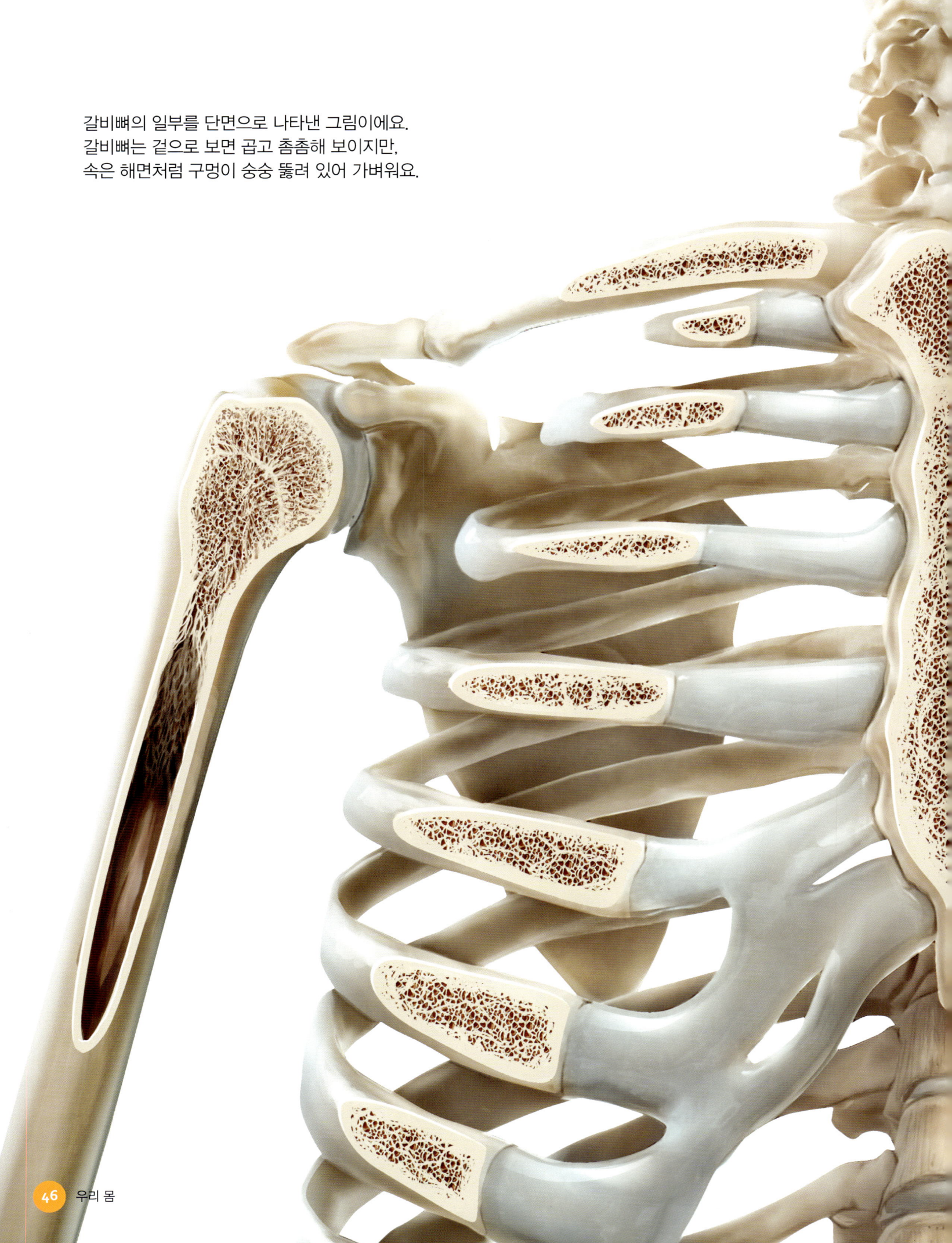

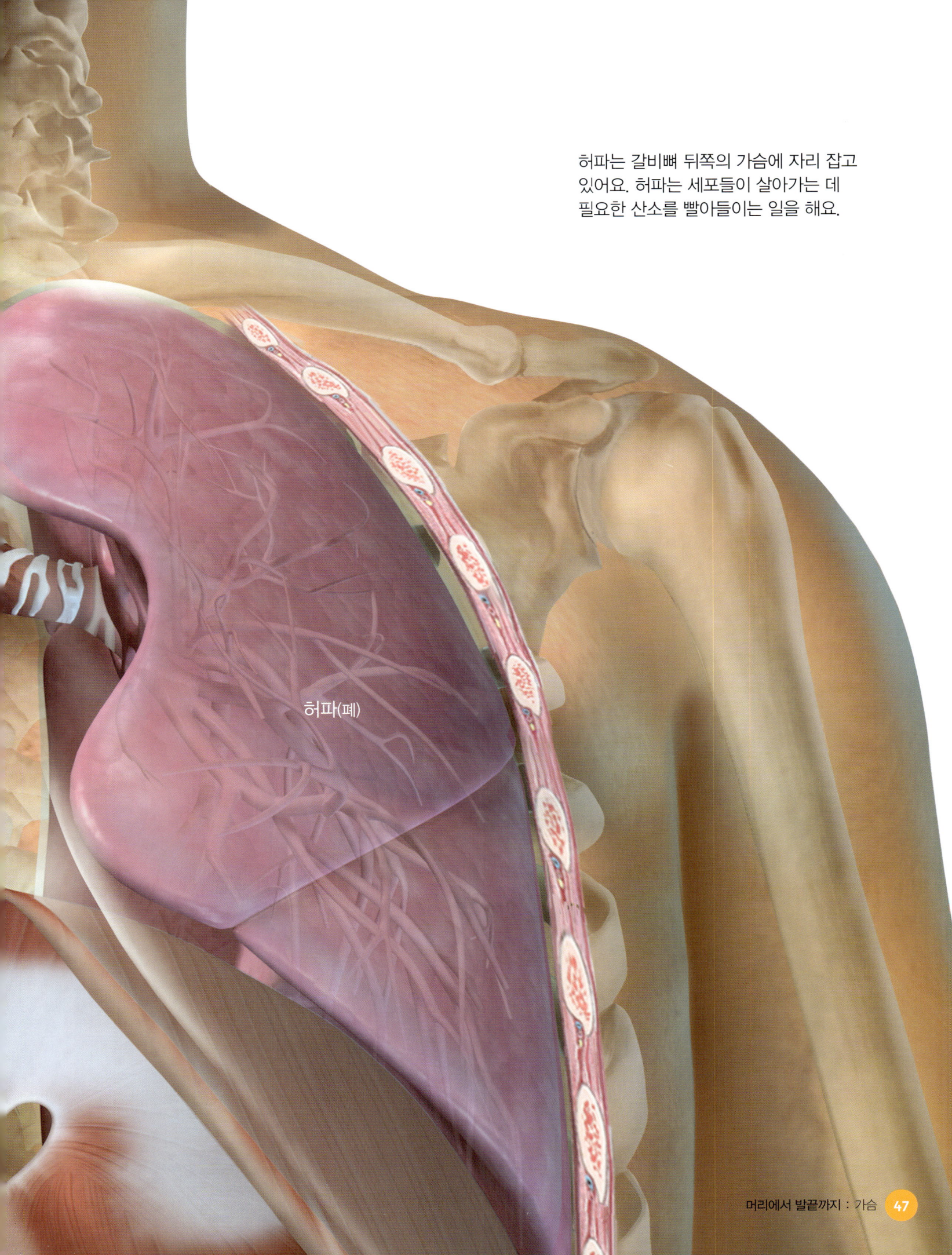

허파는 갈비뼈 뒤쪽의 가슴에 자리 잡고 있어요. 허파는 세포들이 살아가는 데 필요한 산소를 빨아들이는 일을 해요.

허파(폐)

생식

아기는 하나의 세포에서 시작돼요. 세포 하나가 2개로 나뉘고, 2개는 4개로, 4개는 8개로 나뉘어져요. 세포가 계속 나뉘어져 그 수가 늘어날수록 아기로 발달하지요. 12주가 지나면 아기의 몸길이는 약 15센티미터쯤 되고, 모든 기관이 생겨나요. 그리고 곧 중추 신경계가 여러 근육들과 신호를 주고받으면서 몸을 움직이기 시작해요. 38주가 지나면 아기의 몸은 완전히 발달하게 돼요. 아기는 탯줄로 엄마의 몸과 연결되어 있고, 이곳(탯줄)으로 태반의 피와 산소와 영양분을 공급받아요.

하나 더 알아보기!
갓 태어난 아기에게는 지문이 없어요. 지문은 태어난 지 12주가 지나야 생겨요.

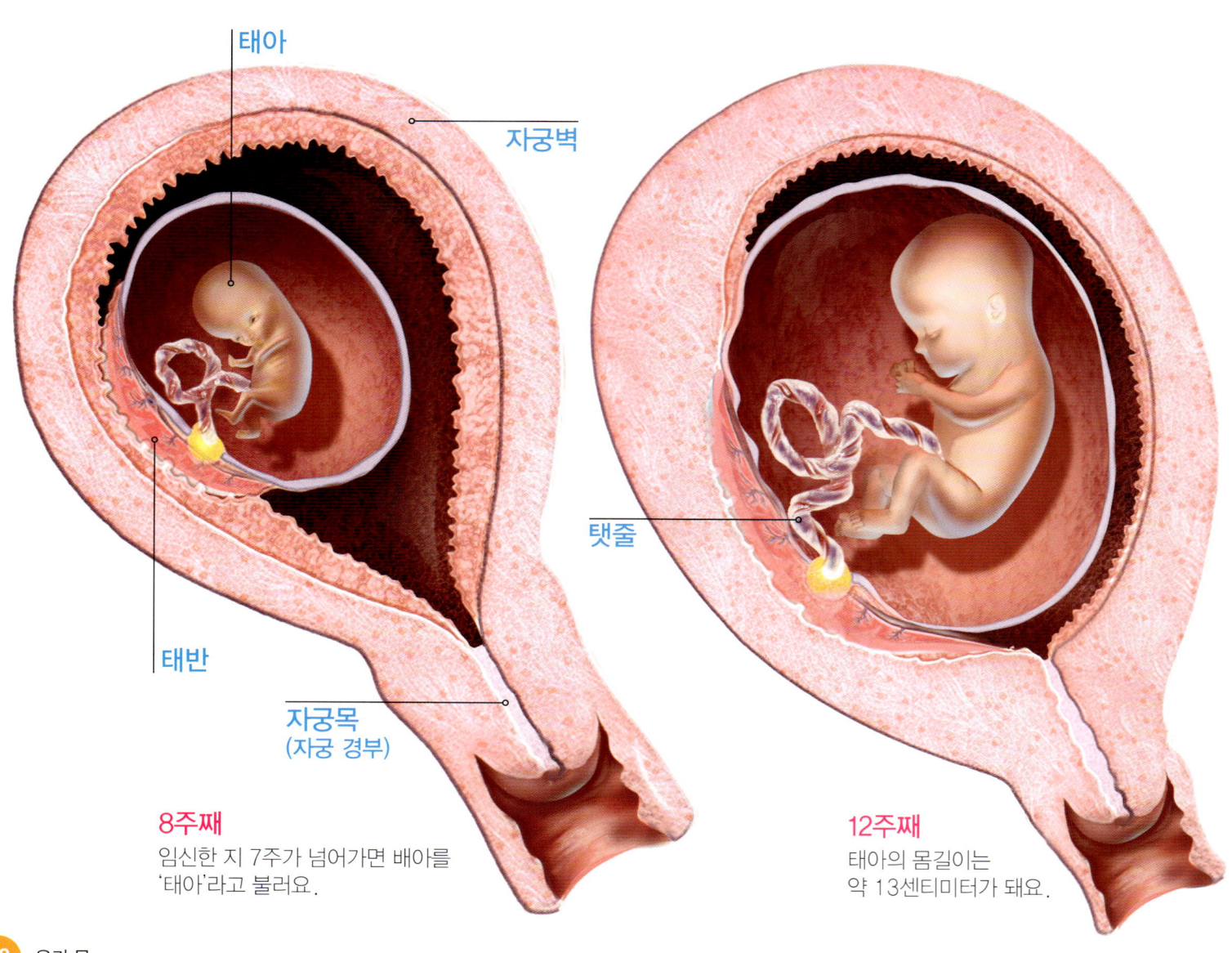

8주째
임신한 지 7주가 넘어가면 배아를 '태아'라고 불러요.

12주째
태아의 몸길이는 약 13센티미터가 돼요.

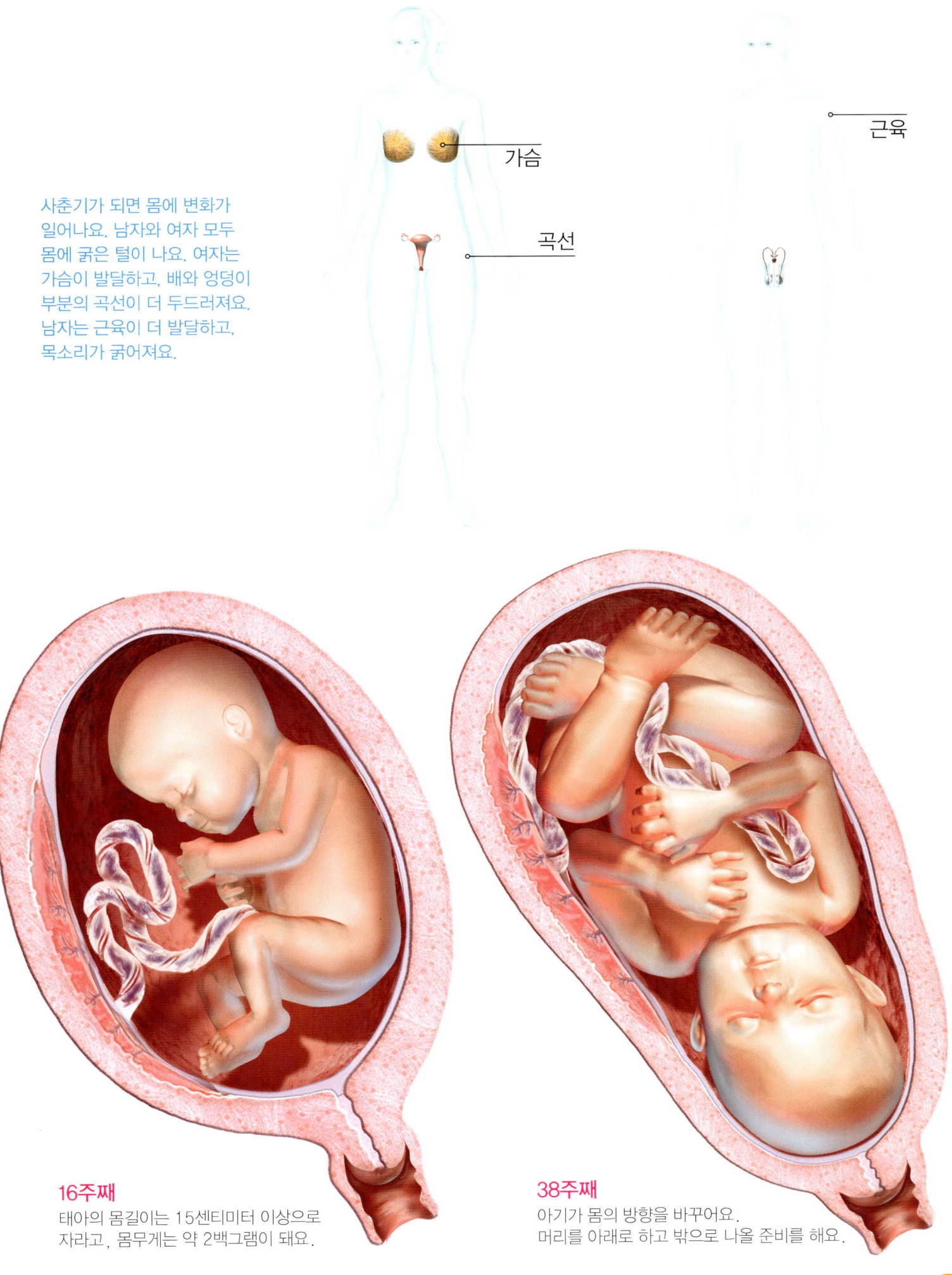

사춘기가 되면 몸에 변화가 일어나요. 남자와 여자 모두 몸에 굵은 털이 나요. 여자는 가슴이 발달하고, 배와 엉덩이 부분의 곡선이 더 두드러져요. 남자는 근육이 더 발달하고, 목소리가 굵어져요.

16주째
태아의 몸길이는 15센티미터 이상으로 자라고, 몸무게는 약 2백그램이 돼요.

38주째
아기가 몸의 방향을 바꾸어요. 머리를 아래로 하고 밖으로 나올 준비를 해요.

다리

다리와 발의 뼈들은 서로 함께 작용해 우리가 걷고 균형을 잡을 수 있도록 해 주어요. 사람의 뼈는 열두 살 무렵이면 거의 다 자라지만, 팔과 다리의 뼈는 스무 살 무렵까지 계속 자라요. 몸을 지탱하는 다리는 뼈와 근육과 힘줄이 아주 튼튼해야 해요. 다리에는 넙다리뼈(대퇴골), 무릎뼈(슬개골), 정강뼈(경골), 종아리뼈(비골) 등 4개의 뼈가 있어요.

하나 더 알아보기!

넙다리뼈의 길이를 알면 그 사람의 키를 대충 알 수 있어요. 나이와 상관없이 넙다리뼈의 길이는 그 사람 키의 약 4분의 1이에요.

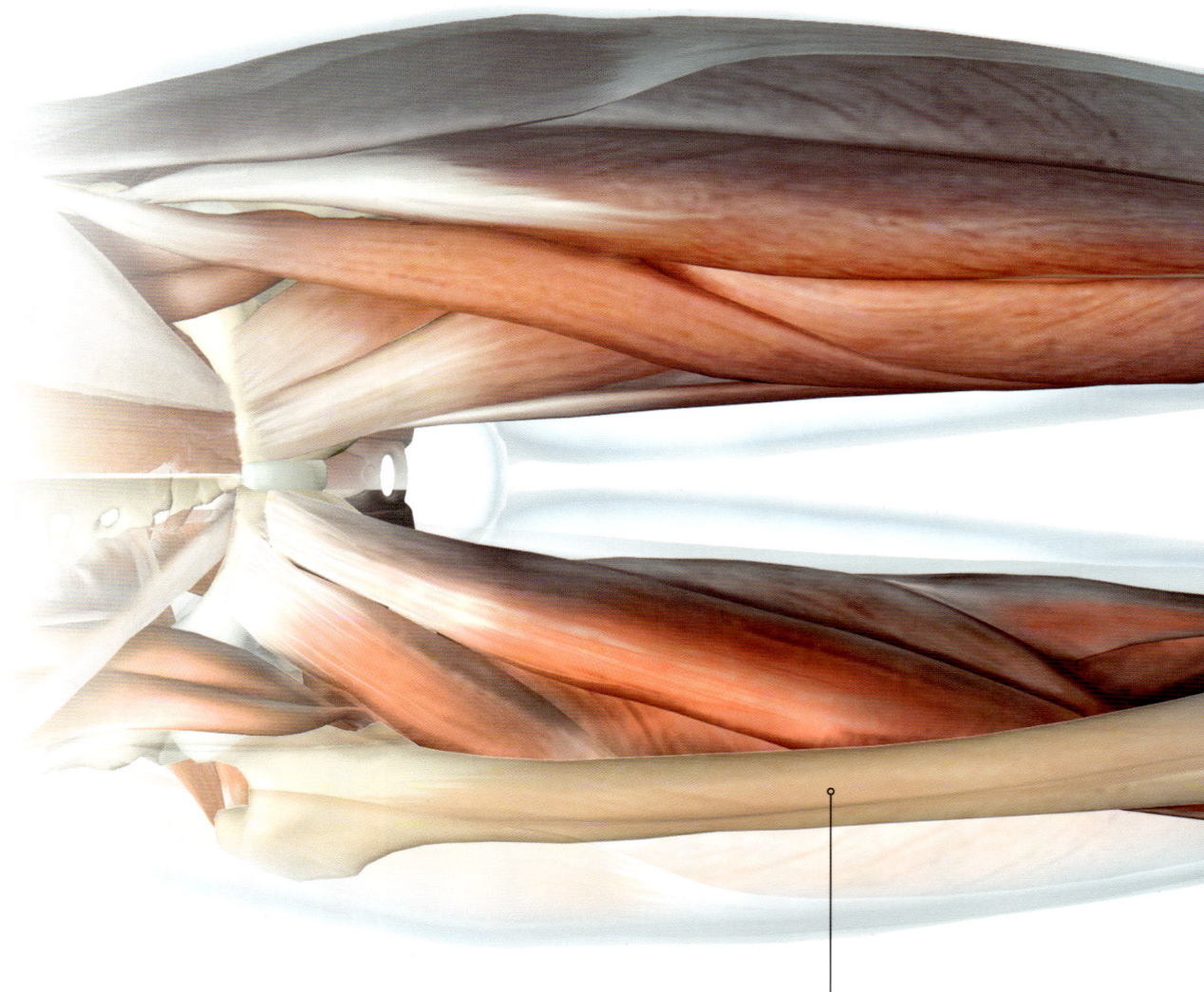

넙다리뼈(대퇴골)
우리 몸에서 가장 긴 뼈예요.

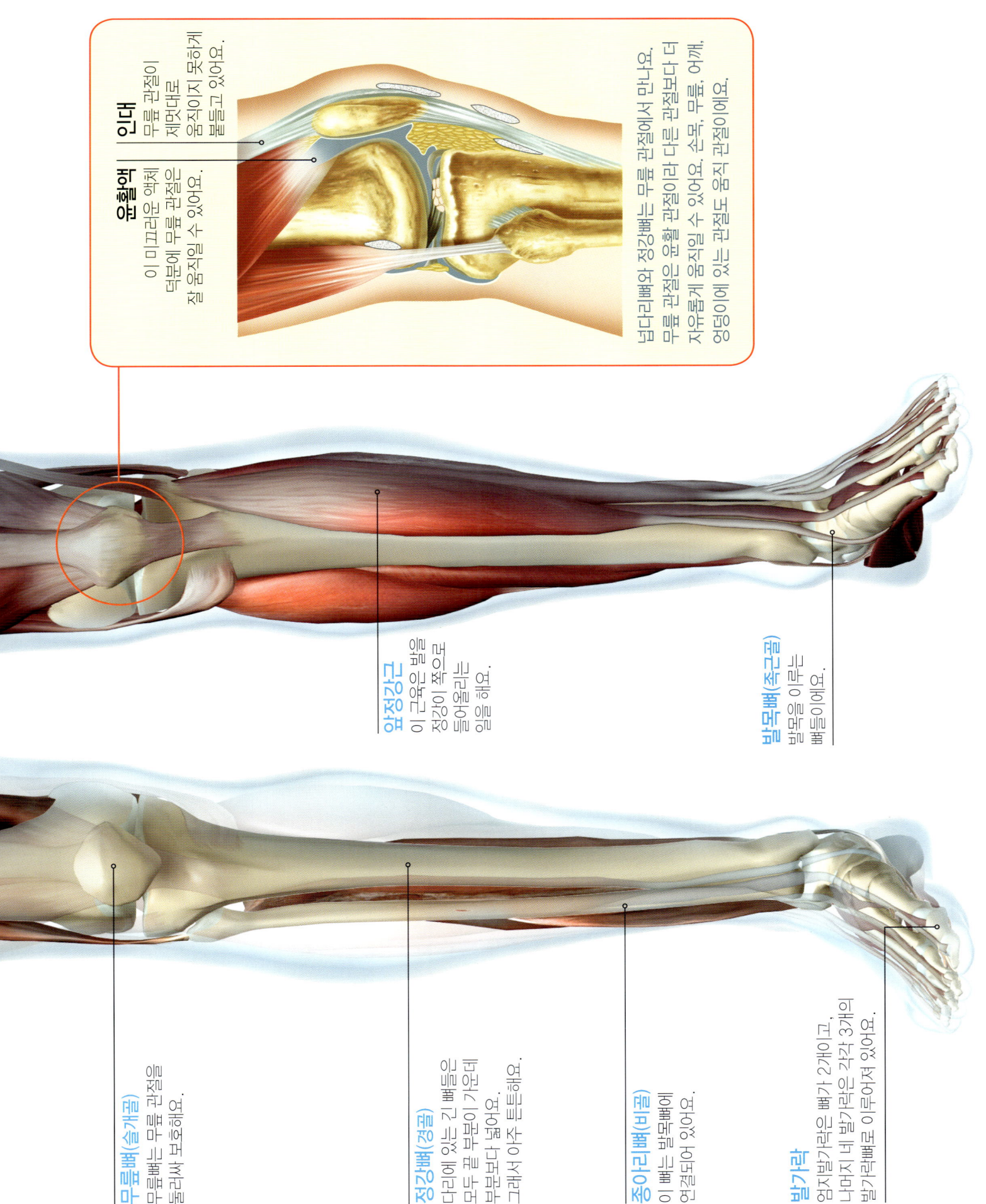

윤활액 | **인대**
이 미끄러운 액체 덕분에 무릎 관절은 잘 움직일 수 있어요. | 무릎 관절이 제멋대로 움직이지 못하게 붙들고 있어요.

넙다리뼈와 정강뼈는 무릎 관절에서 만나요. 무릎 관절은 윤활 관절이라 다른 관절보다 더 자유롭게 움직일 수 있어요. 손목, 무릎, 어깨, 엉덩이에 있는 관절도 움직 관절이에요.

앞정강근
이 근육은 발을 정강이 쪽으로 들어올리는 일을 해요.

발목뼈(족근골)
발목을 이루는 뼈들이에요.

무릎뼈(슬개골)
무릎뼈는 무릎 관절을 둘러싸 보호해요.

정강뼈(경골)
다리에 있는 긴 뼈들은 모두 끝 부분이 가운데 부분보다 넓어요. 그래서 아주 튼튼해요.

종아리뼈(비골)
이 뼈는 발목뼈에 연결되어 있어요.

발가락
엄지발가락은 뼈가 2개이고, 나머지 네 발가락은 각각 3개의 발가락뼈로 이루어져 있어요.

머리에서 발끝까지 : 다리 51

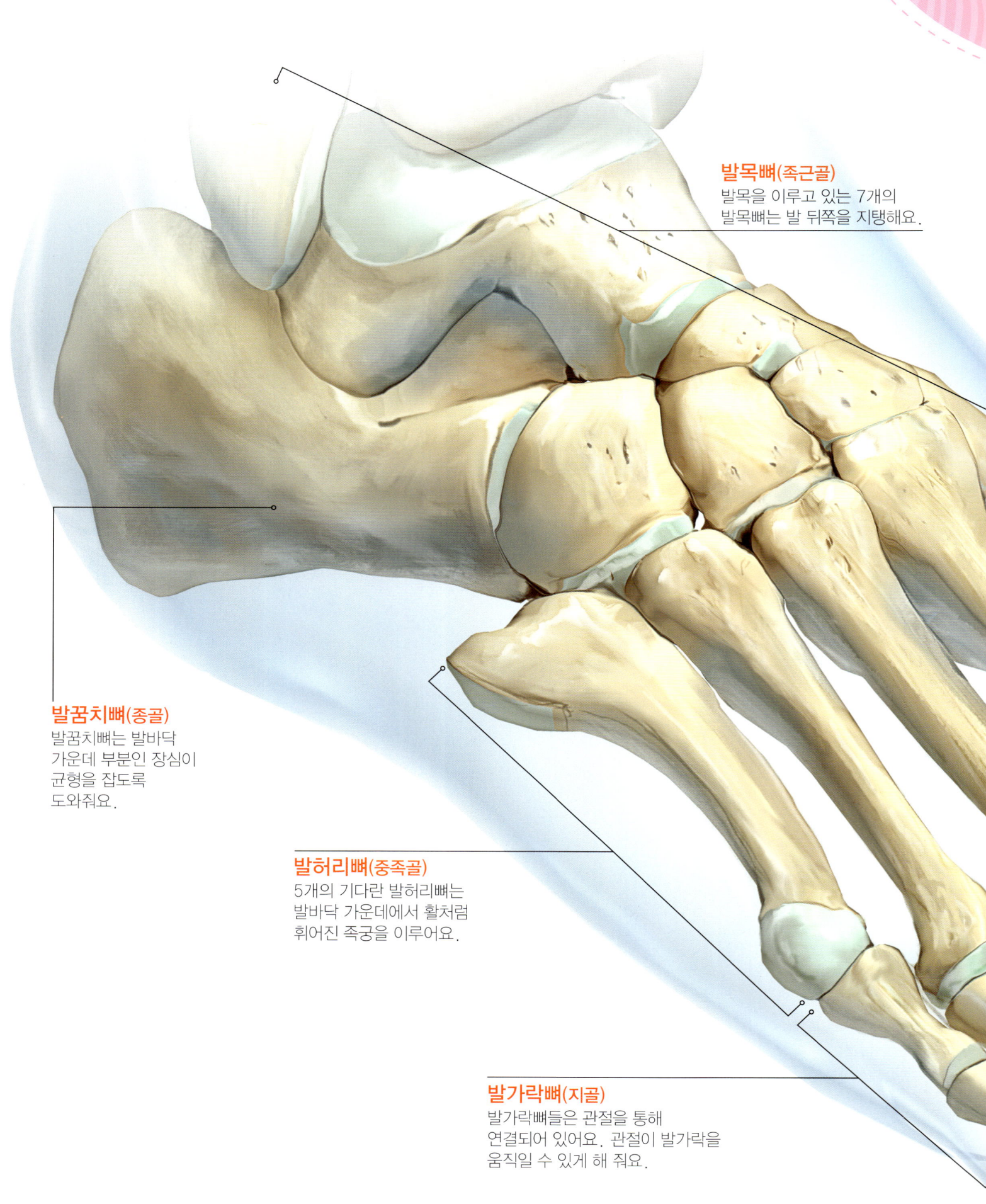

발목뼈(족근골)
발목을 이루고 있는 7개의 발목뼈는 발 뒤쪽을 지탱해요.

발꿈치뼈(종골)
발꿈치뼈는 발바닥 가운데 부분인 장심이 균형을 잡도록 도와줘요.

발허리뼈(중족골)
5개의 기다란 발허리뼈는 발바닥 가운데에서 활처럼 휘어진 족궁을 이루어요.

발가락뼈(지골)
발가락뼈들은 관절을 통해 연결되어 있어요. 관절이 발가락을 움직일 수 있게 해 줘요.

발

우리 몸의 **뼈대**(골격)에는 손과 발처럼 몸의 움직임을 도와주는 팔다리뼈가 포함되어 있어요. 발은 몸의 **무게**를 지탱할 뿐만 아니라, 몸이 **균형**을 잡는 것을 도와줘요. 발 하나는 뼈 26개, 관절 33개, 근육 19개로 이루어져 있어요. 이들 모두가 서로 돕기 때문에 발을 **유연**하게 움직일 수 있고, **안정감** 있게 지탱할 수 있어요. 우리 몸을 이루고 있는 뼈 중에서 4분의 1이 발에 있어요.

발에 있는 뼈들은 활처럼 휘어진 모양을 하고 있는데, 이것은 몸무게를 떠받치는 데 유리해요. 평발은 힘줄이 약하고, 족궁이 내려앉아서 발바닥이 평평해요.

둥글게 구부러진 발
이것은 튼튼한 족궁이에요.

평발
족궁이 내려앉으면 발바닥이 평평해져요.

하나 더 알아보기!
사람은 평생 동안 약 12만 7,000킬로미터를 걸어요. 이것은 지구를 세 바퀴 도는 거리와 비슷해요!

감각

우리는 수백만 개의 감각 수용체(세포막이나 세포에 있으면서 빛이나 내분비물 등에 반응하여, 세포에 변화를 일으키는 물질)에 의존해 몸속과 몸 밖에서 일어나는 일들을 파악해요. 일반 감각은 온도와 촉감, 압력, 통증을 느끼고, 특수 감각은 시각, 청각, 후각, 미각, 균형을 담당해요. 감각 수용체가 무엇을 느끼면, 그 메시지를 중추 신경계로 보내요. 중추 신경계는 우리 몸이 하는 것과 느끼는 것을 모두 제어해요.

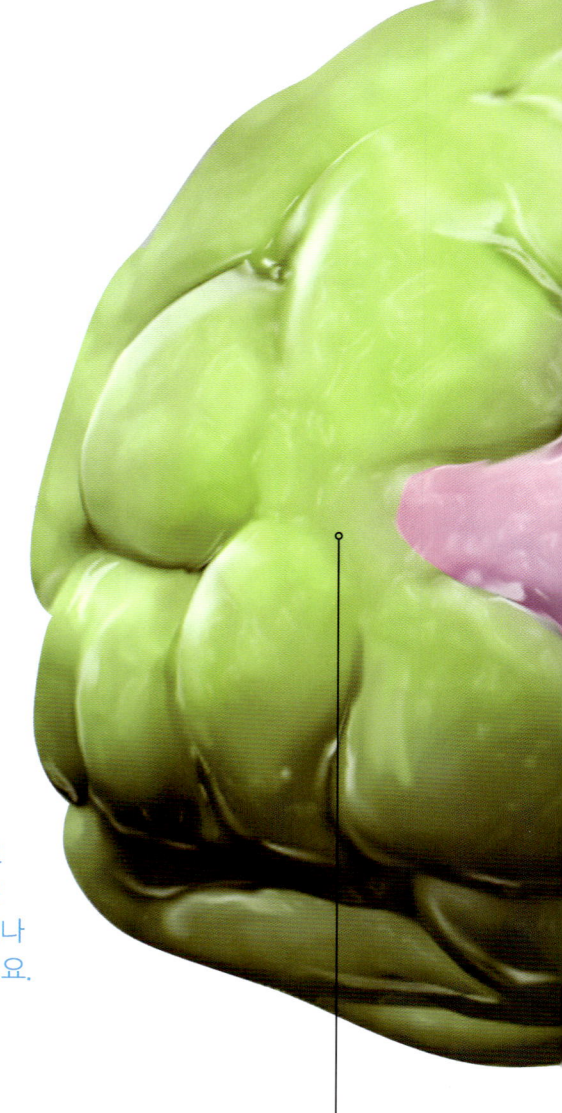

생각과 행동을 만들어요.

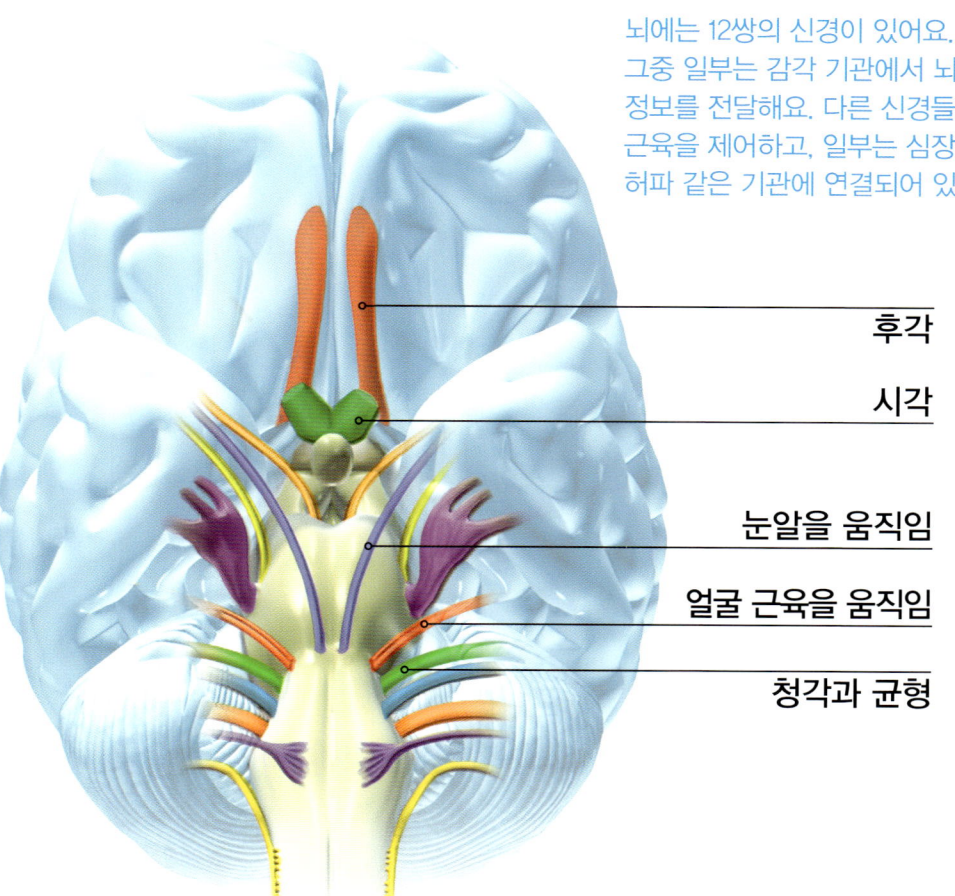

뇌에는 12쌍의 신경이 있어요. 그중 일부는 감각 기관에서 뇌로 정보를 전달해요. 다른 신경들은 근육을 제어하고, 일부는 심장이나 허파 같은 기관에 연결되어 있어요.

- 후각
- 시각
- 눈알을 움직임
- 얼굴 근육을 움직임
- 청각과 균형

하나 더 알아보기!
자기 몸에 스스로 간지럼을 태우는 건 불가능해요. 뇌가 여러분이 하려는 일을 미리 알고 그 감각을 무시하기 때문이에요.

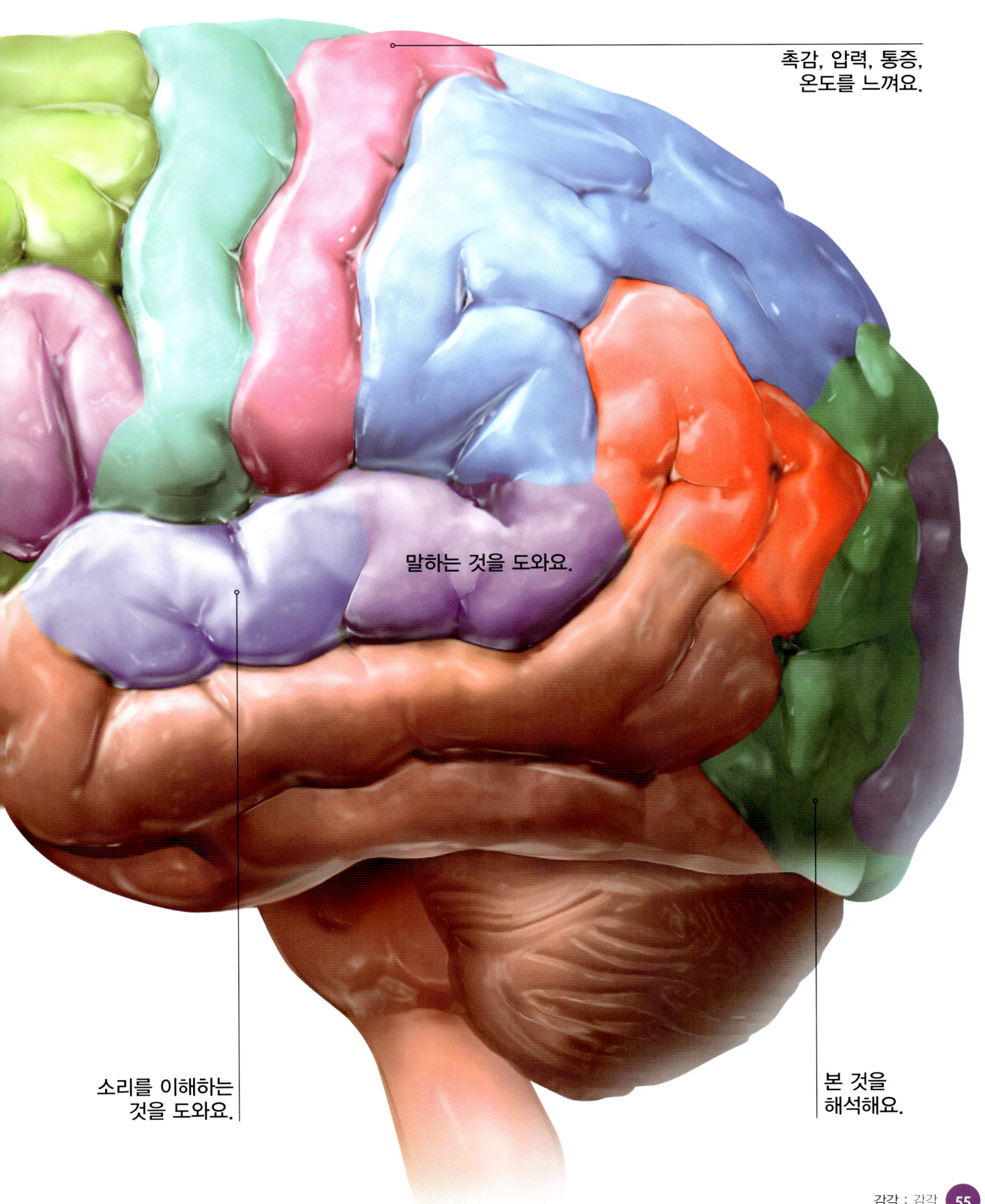

촉각

피부에는 아주 작은 감각 수용체들이 많이 늘어서 있어요. 이 감각 수용체들 때문에 우리는 피부에 닿는 것들을 느낄 수 있어요. 뭔가가 피부에 닿자마자 수용체들은 신경 세포들을 통해 뇌로 메시지를 보내요. 그러면 뇌는 그 감각이 무엇이고, 어디서 느끼는지 확인해요. 감각의 종류는 열, 추위, 진동, 압력, 통증 등 아주 다양해요. 감각의 종류에 따라 그것을 느끼는 수용체도 각각 달라요.

촉각 수용체는 피부의 표피와 진피에 있어요. 손가락 끝에는 약 100개의 촉각 수용체가 있어요.

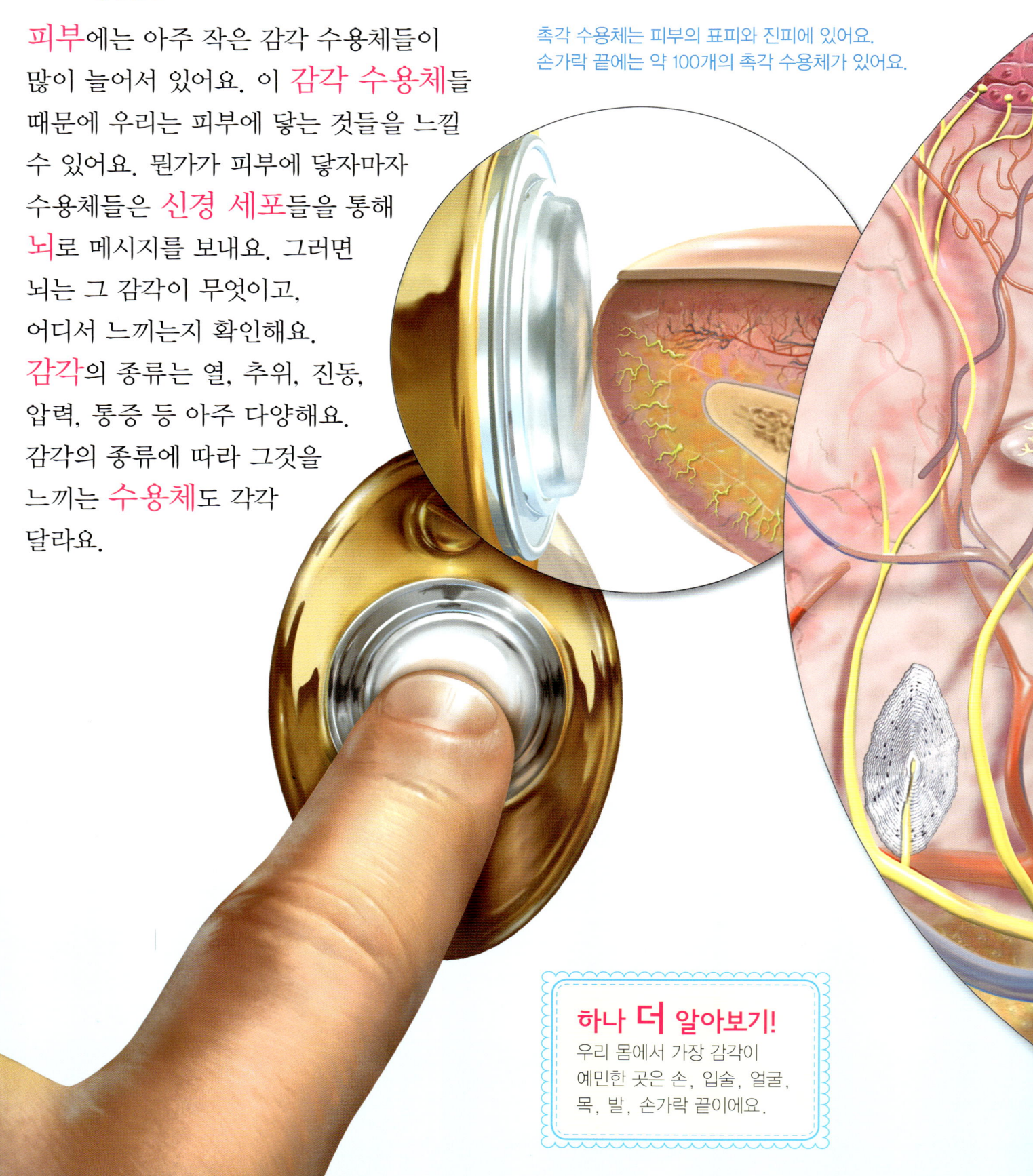

하나 더 알아보기!
우리 몸에서 가장 감각이 예민한 곳은 손, 입술, 얼굴, 목, 발, 손가락 끝이에요.

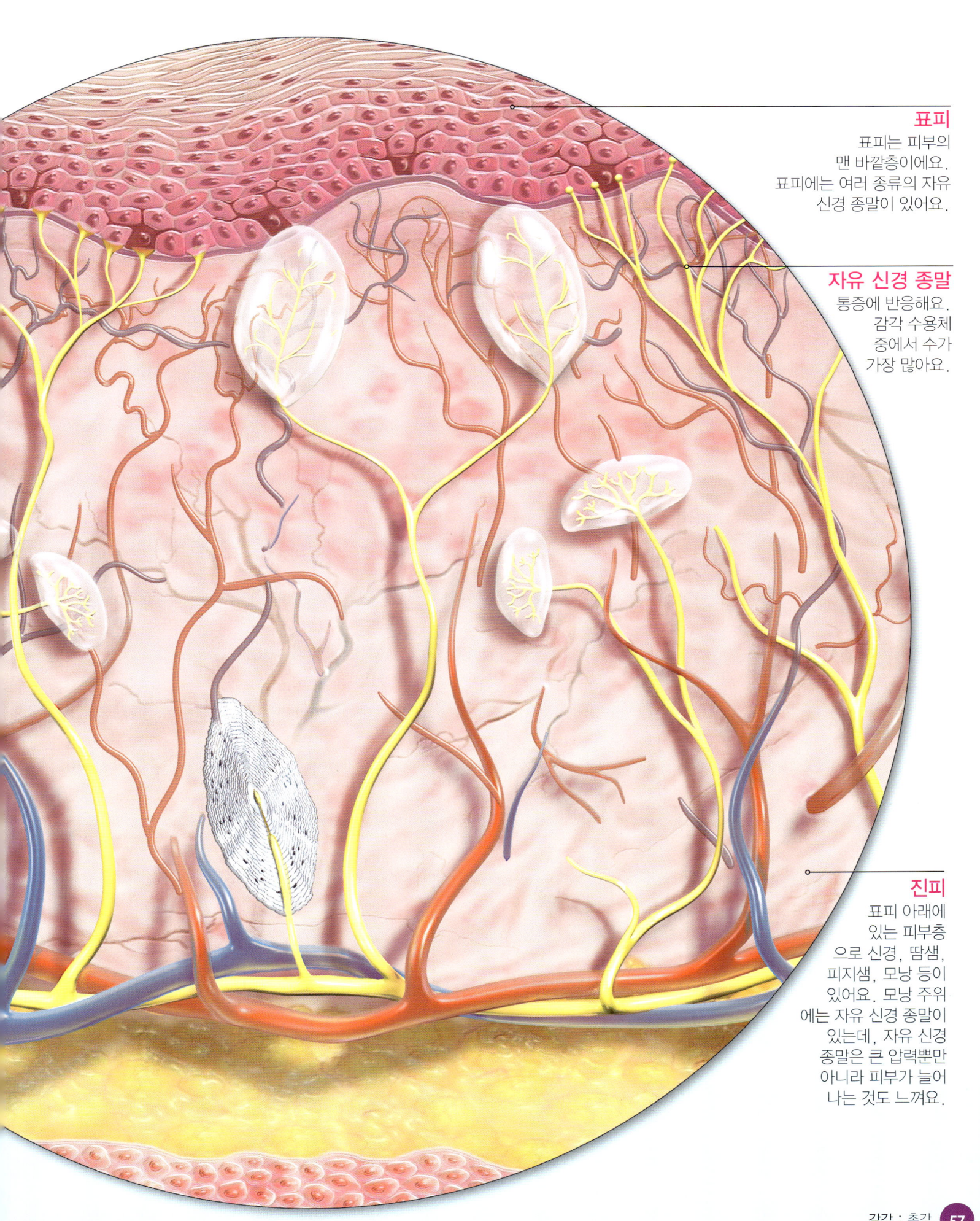

표피
표피는 피부의 맨 바깥층이에요. 표피에는 여러 종류의 자유 신경 종말이 있어요.

자유 신경 종말
통증에 반응해요. 감각 수용체 중에서 수가 가장 많아요.

진피
표피 아래에 있는 피부층으로 신경, 땀샘, 피지샘, 모낭 등이 있어요. 모낭 주위에는 자유 신경 종말이 있는데, 자유 신경 종말은 큰 압력뿐만 아니라 피부가 늘어나는 것도 느껴요.

감각 : 촉각

눈

눈은 **빛**의 **자극**을 받아 **물체**를 **볼** 수 있는 **감각 기관**이에요.

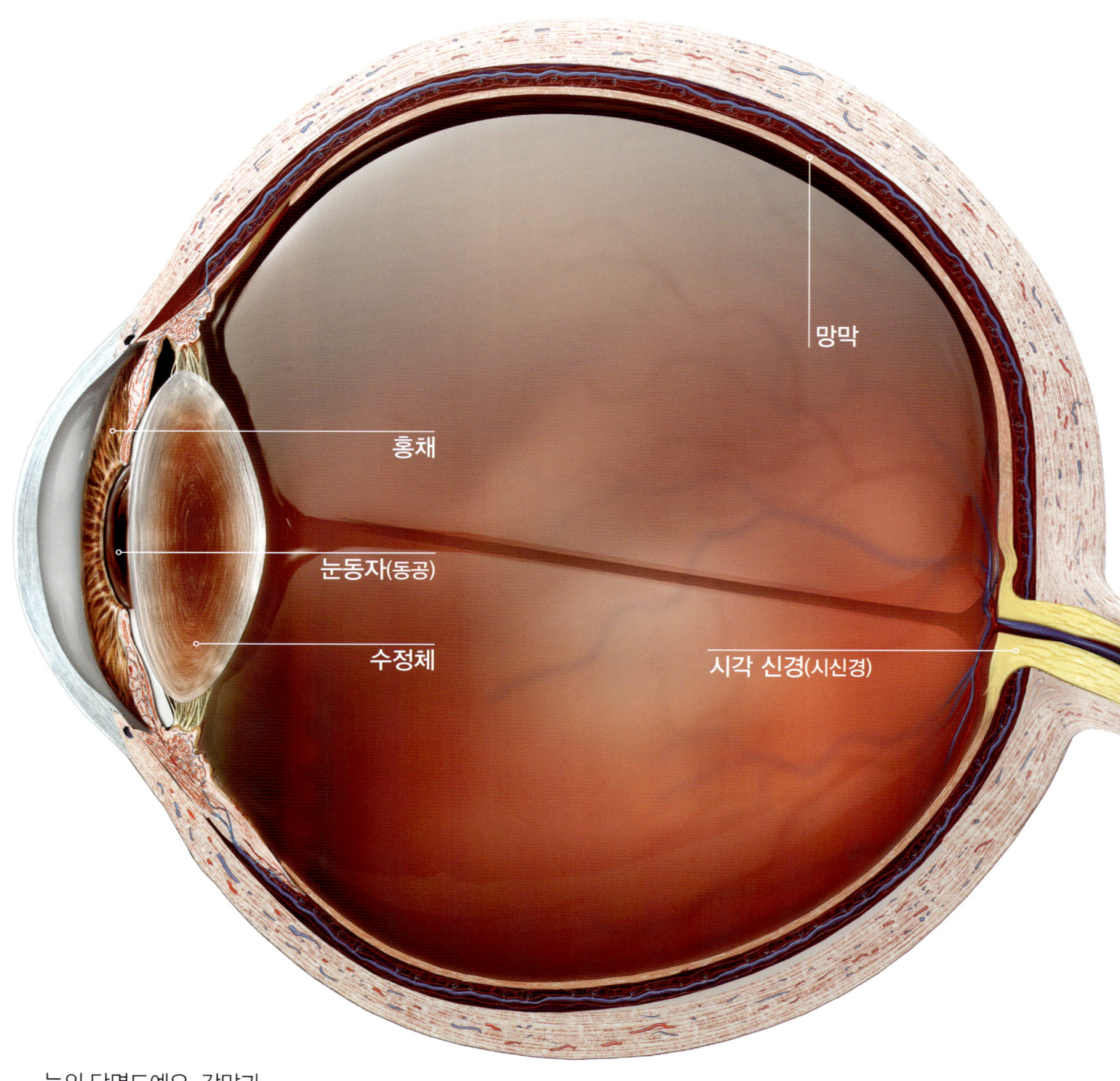

- 망막
- 홍채
- 눈동자(동공)
- 수정체
- 시각 신경(시신경)

눈의 단면도예요. 각막과 눈동자는 빛이 눈으로 들어오게 해 주고, 홍채는 들어온 빛을 감지해요. 수정체는 렌즈처럼 빛을 굴절시켜 망막에 초점을 맞게 해요. 그러면 망막은 물체의 모양이나 상태에 관한 정보를 시각 신경을 통해 뇌로 전달해요.

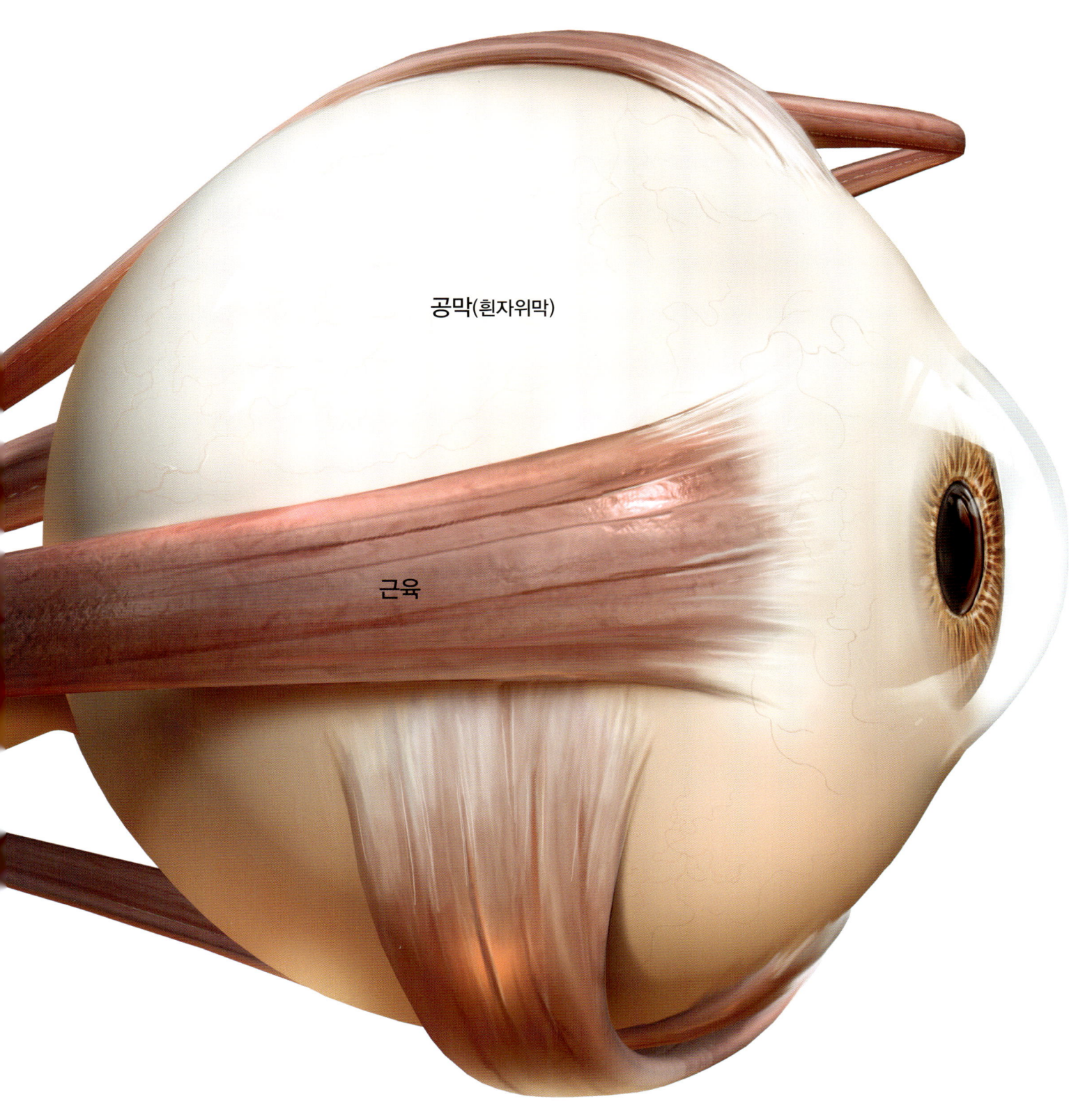

눈알 주위에 있는 작은 근육들이 눈을 움직여요. 눈의 하얀 부분을 공막(흰자위막)이라고 부르는데, 공막은 눈알을 보호하는 일을 해요.

감각 : 눈

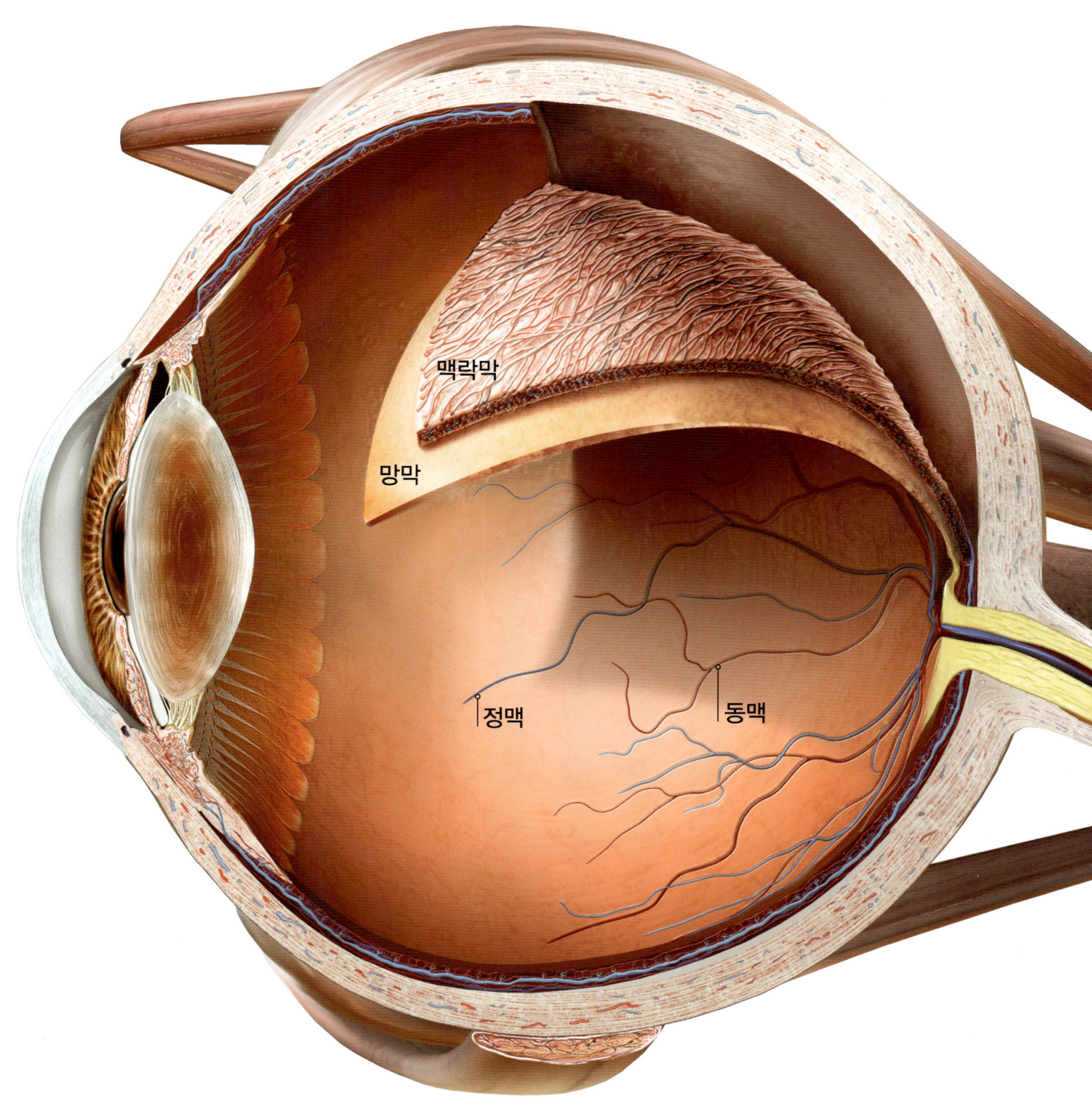

맥락막은 망막과 공막 사이에 있어요.
맥락막을 지나가는 혈관들은 눈에 영양분을 공급해요.

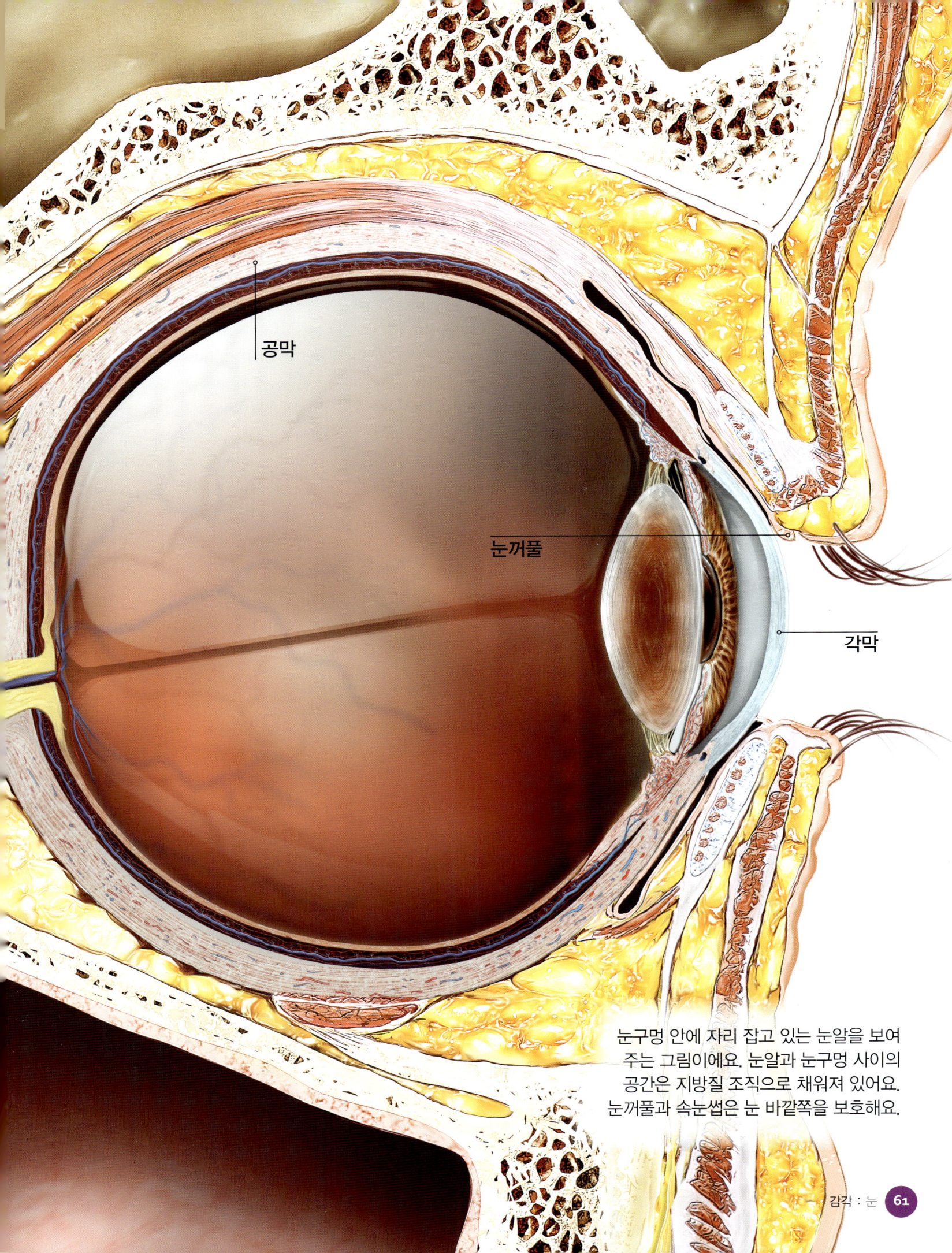

눈구멍 안에 자리 잡고 있는 눈알을 보여 주는 그림이에요. 눈알과 눈구멍 사이의 공간은 지방질 조직으로 채워져 있어요. 눈꺼풀과 속눈썹은 눈 바깥쪽을 보호해요.

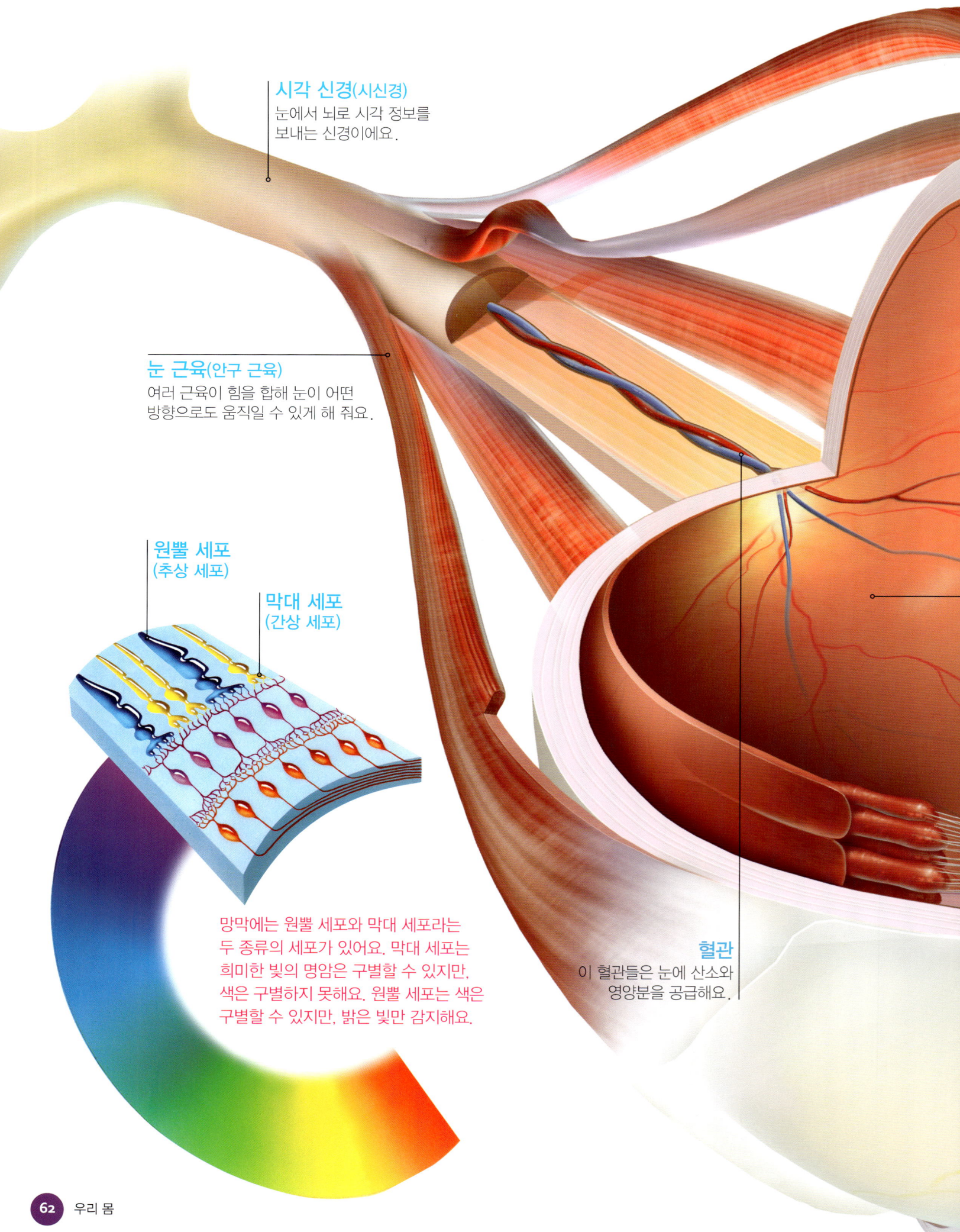

시각 신경(시신경)
눈에서 뇌로 시각 정보를 보내는 신경이에요.

눈 근육(안구 근육)
여러 근육이 힘을 합해 눈이 어떤 방향으로도 움직일 수 있게 해 줘요.

원뿔 세포(추상 세포)

막대 세포(간상 세포)

망막에는 원뿔 세포와 막대 세포라는 두 종류의 세포가 있어요. 막대 세포는 희미한 빛의 명암은 구별할 수 있지만, 색은 구별하지 못해요. 원뿔 세포는 색은 구별할 수 있지만, 밝은 빛만 감지해요.

혈관
이 혈관들은 눈에 산소와 영양분을 공급해요.

시각

눈알의 크기는 탁구공만 한데, 사진기와 같은 원리로 보는 일을 해요. 물체에 반사된 빛이 각막으로 들어오면 수정체를 지나 눈알 뒤쪽에 있는 망막으로 가요. 물체의 모습은 수정체를 지날 때 거꾸로 뒤집혀 망막에 맺혀지는데, 뇌는 그것을 바로 선 모습으로 해석해요.

공막
눈의 흰자위에 해당하는 공막은 눈알을 보호하는 일을 해요.

망막
빛에 예민한 시각 세포가 수백만 개 있어요.

수정체
볼록 렌즈 모양의 수정체는 빛을 굴절시켜 망막에 상이 맺히도록 해요.

각막
눈 앞쪽에 있는 투명한 각막은 홍채와 눈동자를 덮고 있어요. 곡면 모양의 각막은 눈에 들어오는 빛을 휘어지게 해요.

눈동자
빛을 눈 속으로 들어오게 해요.

홍채
동공을 둘러싸고 있는 동그랗고 색깔 있는 부분을 홍채라고 해요. 홍채는 눈동자의 크기를 조절해 눈에 들어오는 빛의 양을 조절해요. 홍채는 지문처럼 사람마다 제각각 다르게 생겼어요.

청각

모든 소리는 보이지 않는 음파를 통해 전달돼요. 귀에 들어온 음파는 바깥귀길(외이도)을 따라 나아가다가 고막에 부딪혀요. 그러면 고막이 진동하면서 잔물결을 만들어 내지요. 잔물결은 3개의 작은 뼈와 귀 안쪽 깊숙한 곳에 있는 달팽이관의 타원창(난원창)을 통해 전달돼요. 달팽이관에 나 있는 작은 털 같은 세포들이 이 진동을 전기 신호로 바꾸어 뇌로 보내면, 뇌가 전기 신호를 해석해 소리를 구별해요.

> **하나 더 알아보기!**
> 귀지는 귓구멍에 생기는 때예요. 귀지는 귓속으로 벌레가 들어오지 못하도록 막아 줘요. 무리하게 파내지 말고 그대로 두면 저절로 밖으로 나와요.

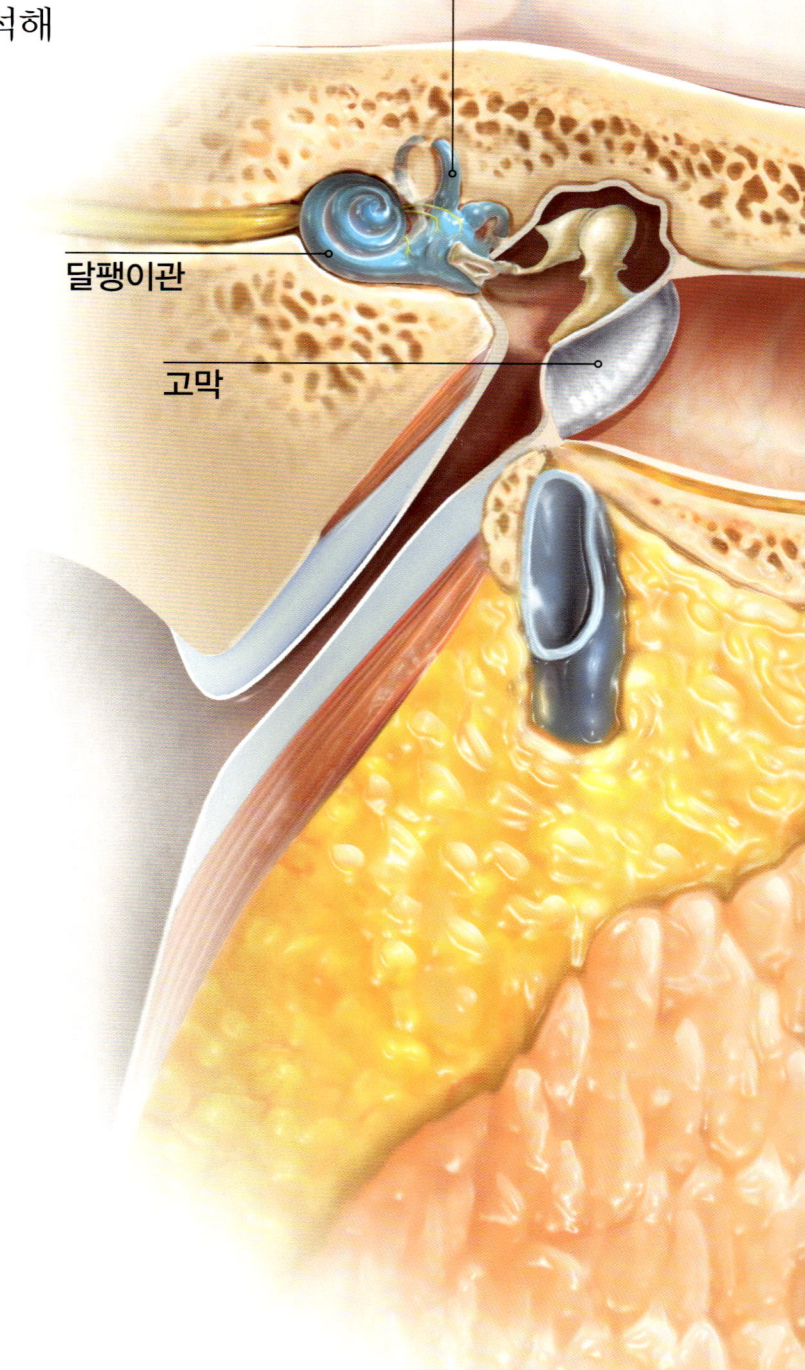

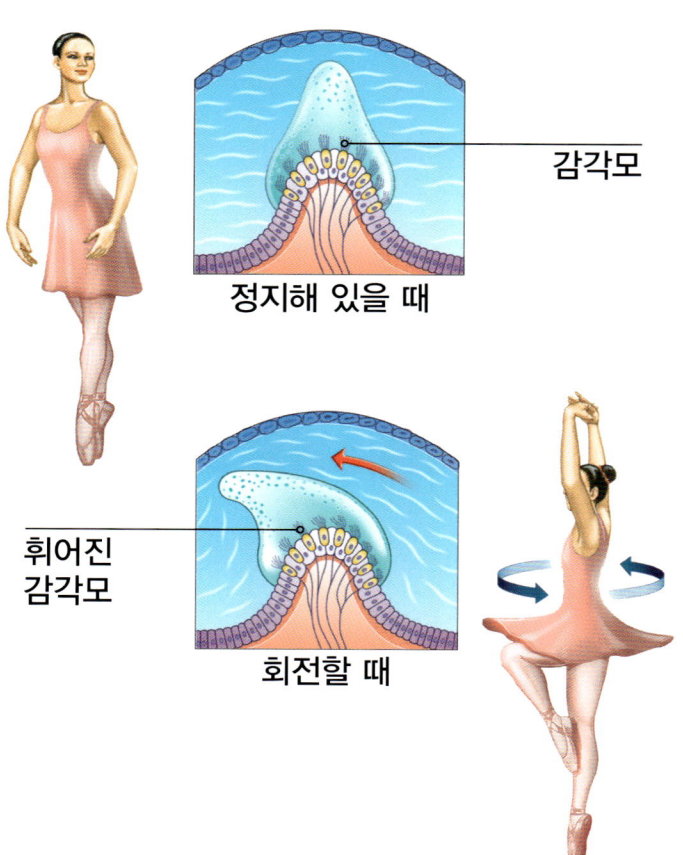

귀는 몸의 균형을 잡는 데에도 도움을 줘요. 반고리관에는 액체가 차 있는데, 몸이 움직이면 이 액체도 따라 움직여요. 그러면 평형 수용체라 부르는 작은 털들이 액체의 움직임을 감지하여 머리의 위치에 대한 정보를 뇌에 전달해요.

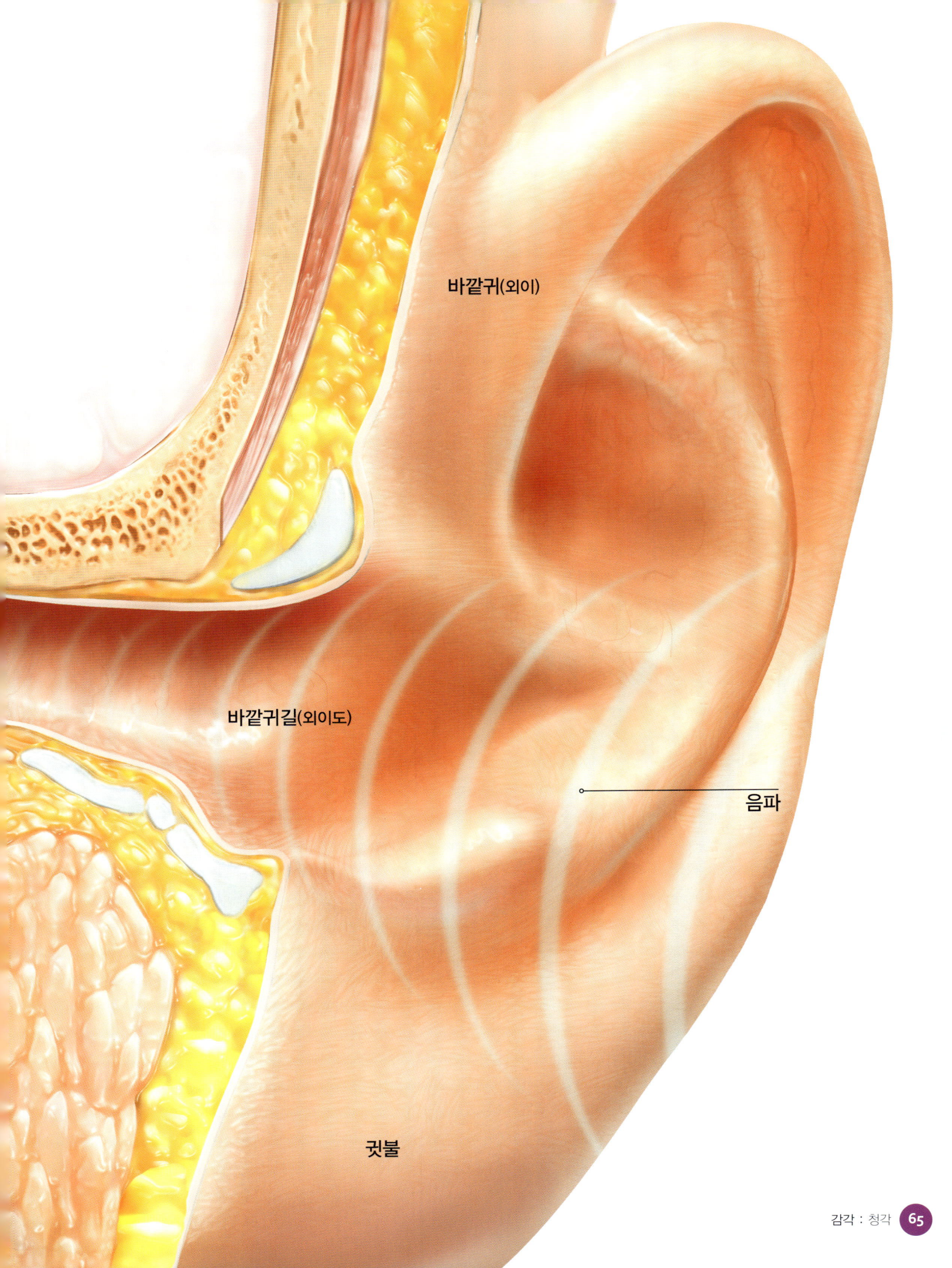

미각

혀 표면에는 맛봉오리(미뢰)가 약 1만 개 있어요. 맛봉오리 안에는 맛을 감지하는 신경 세포들이 들어 있어요. 입속으로 들어온 음식물은 침에 녹아 화학 물질이 나와요. 미각 수용체는 이 화학 물질들을 감지하여 뇌로 신호를 보내요. 또 미각 수용체는 쓴맛을 느끼면 그 물질이 위험하다는 것을 알리는 경보 장치의 역할도 맡고 있어요.

혀 표면을 자세히 들여다보면 오톨도톨한 돌기들이 돋아 있는 걸 볼 수 있어요. 이것을 유두라고 해요. 대부분의 유두에는 맛봉오리가 있어요. 우리의 혀는 쓴맛, 신맛, 짠맛, 단맛 등 4가지 맛을 느낄 수 있어요.

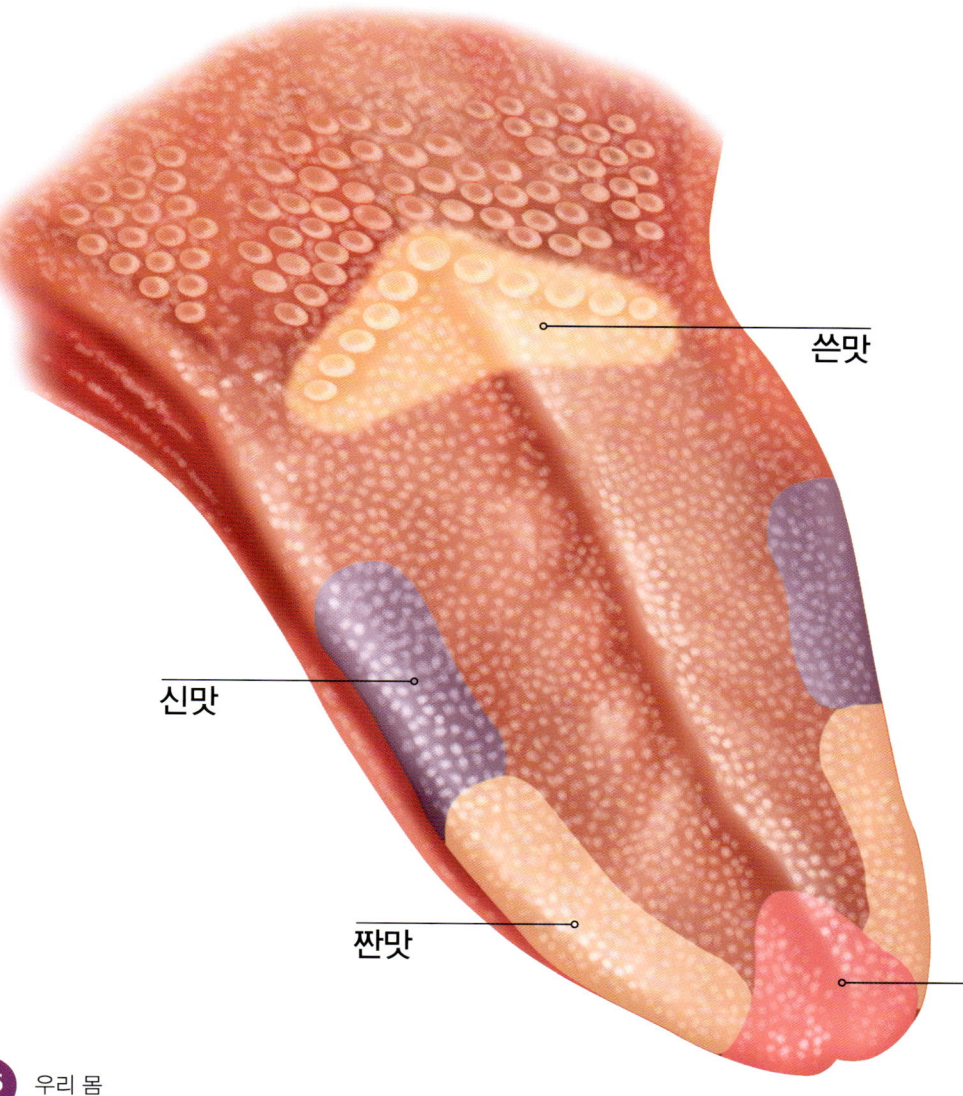

쓴맛
신맛
짠맛
단맛

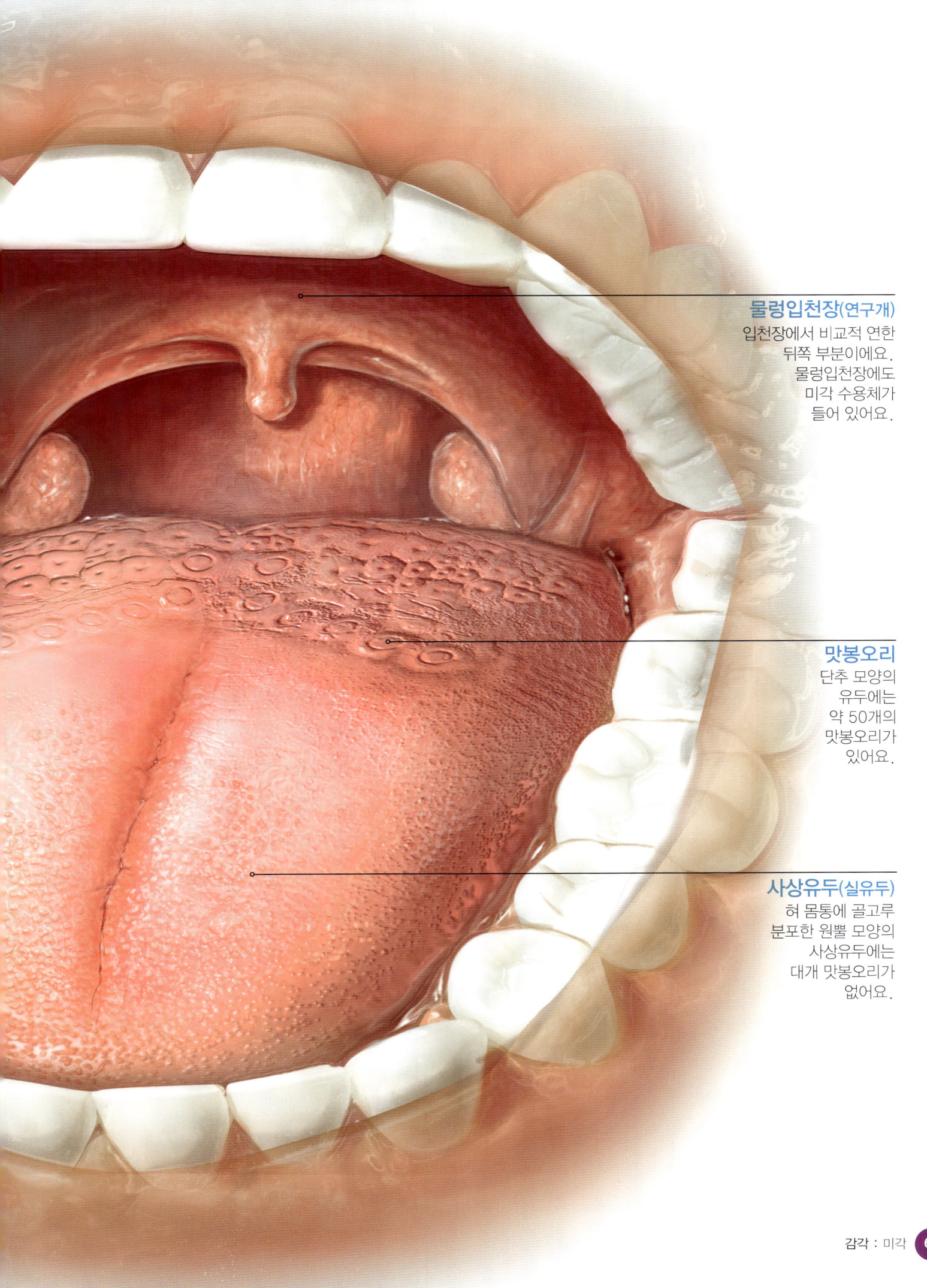

물렁입천장(연구개)
입천장에서 비교적 연한 뒤쪽 부분이에요. 물렁입천장에도 미각 수용체가 들어 있어요.

맛봉오리
단추 모양의 유두에는 약 50개의 맛봉오리가 있어요.

사상유두(실유두)
혀 몸통에 골고루 분포한 원뿔 모양의 사상유두에는 대개 맛봉오리가 없어요.

감각 : 미각

후각

우리가 음식을 먹거나 마실 때 느끼는 맛은, 맛을 느끼는 미각과 냄새를 느끼는 후각이 함께 작용한 결과예요. 감기에 걸리면 후각 기능이 약해져서 냄새를 잘 맡지 못해요. 그러면 음식 맛도 제대로 느낄 수 없어요. 냄새를 맡는 기능은 코 윗부분에 있는 후각 수용체들이 담당해요. 냄새 분자가 콧속으로 들어오면, 후각 수용체들이 그것을 감지해 뇌로 신호를 보내요. 그러면 뇌는 지금 맡고 있는 냄새가 어떤 것인지 판단해요.

꽃가루
우리가 숨을 들이쉴 때면 공기 중의 꽃가루를 비롯한 온갖 종류의 분자가 코로 들어와요.

뇌
후각 수용체
냄새 분자

냄새를 맡는 후각 세포는 콧구멍 안쪽 점막에 있어요. 한쪽 콧구멍에 약 500만 개의 후각 세포가 있고, 후각 세포마다 냄새를 감지하는 털인 후각 섬모가 약 5~20개 있어요.

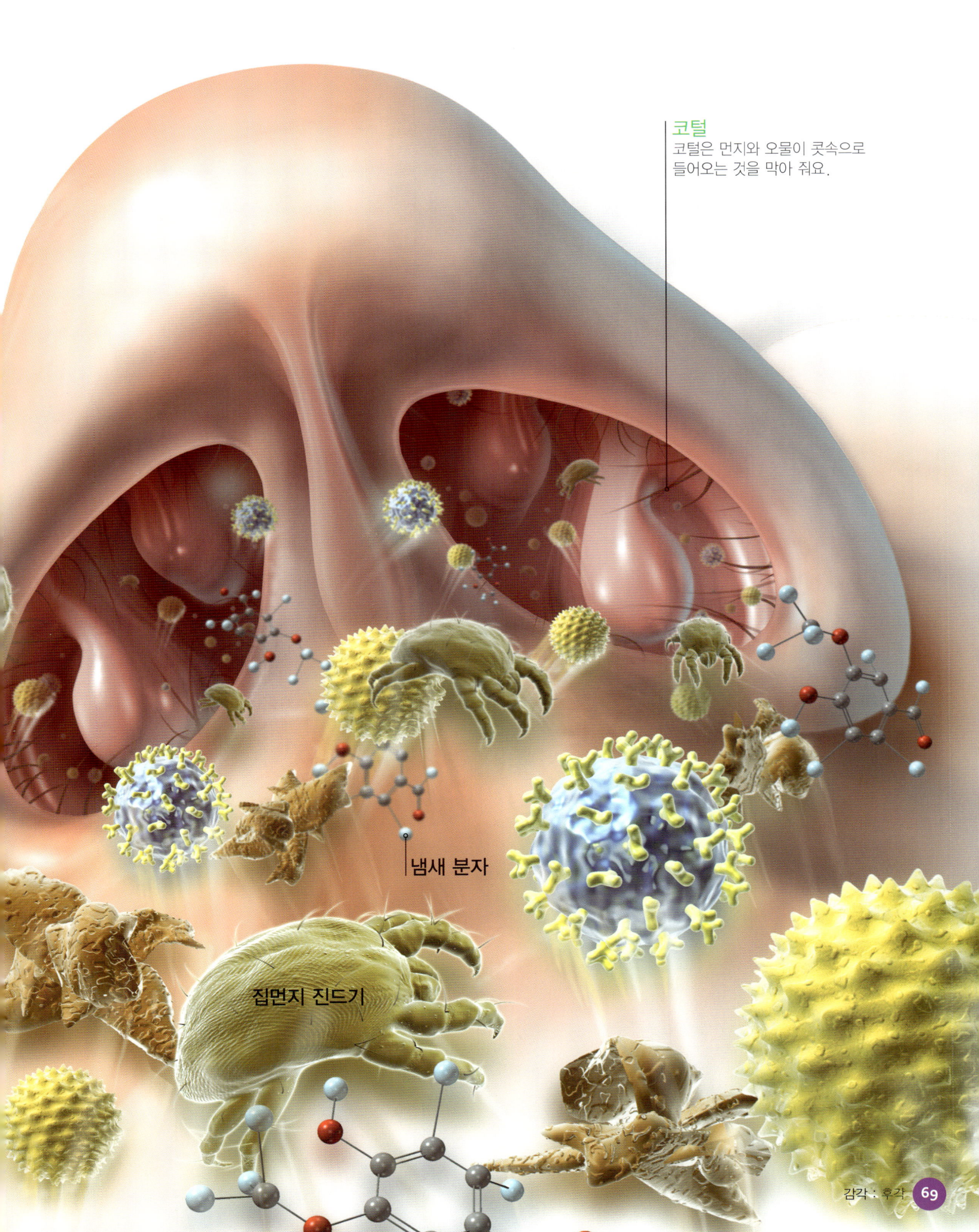

근육

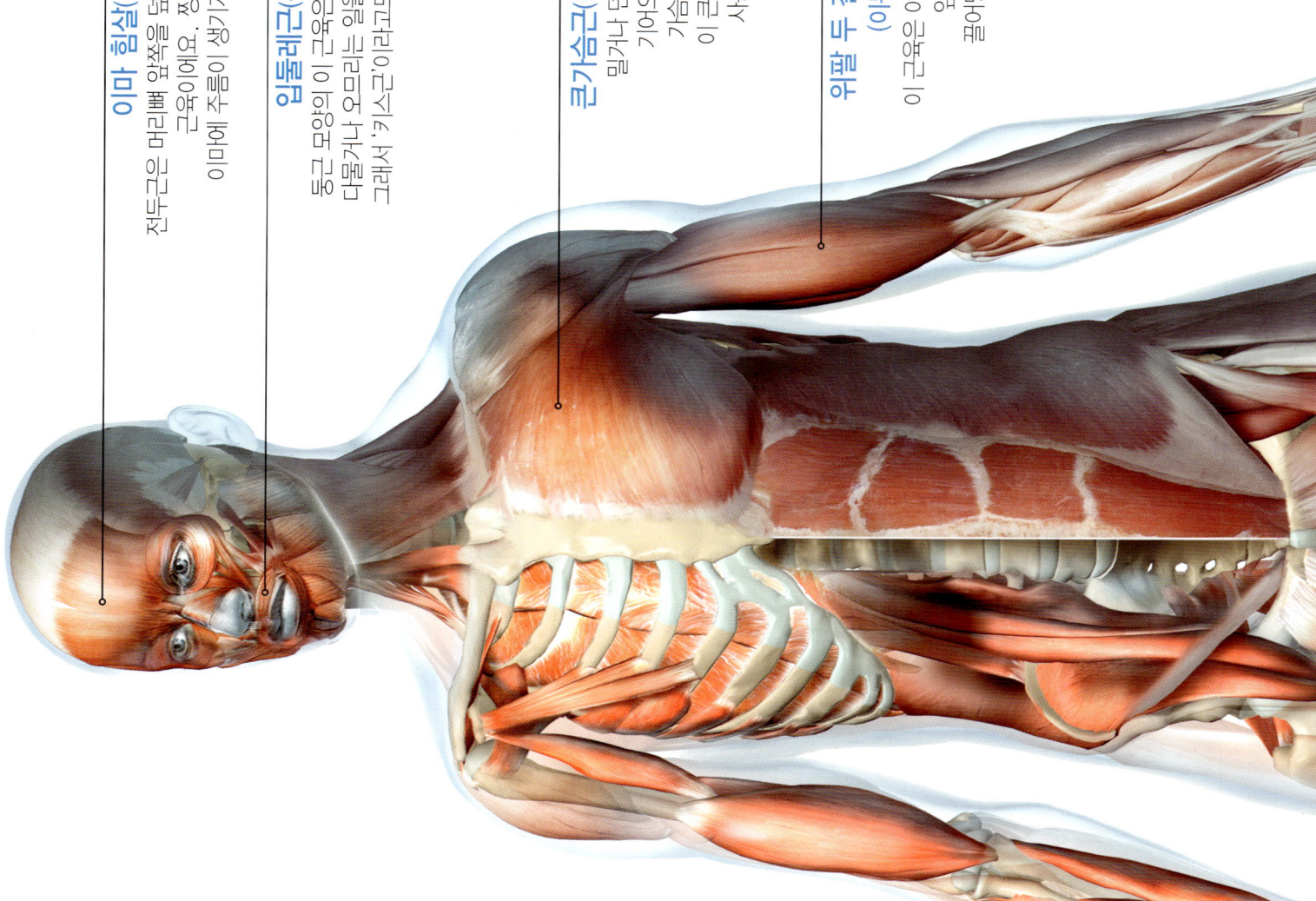

이마 힘살(전두근)
전두근은 머리뼈 앞쪽을 덮고 있는 근육이에요. 찡그릴 때 이마에 주름이 생기게 해요.

입둘레근(구륜근)
둥근 모양이 이 근육은 입술을 다물거나 오므리는 일을 해요. 그래서 '키스근'이라고도 해요.

크가슴근(대흉근)
밀거나 던지거나 기어오를 때, 가슴에 있는 이 큰 근육을 사용해요.

위팔 두 갈래근(이두박근)
이 근육은 아래팔을 앞쪽으로 끌어당겨요.

우리 몸은 대부분 **뼈대근**(골격근)으로 이루어져 있어요. 뼈대근은 뼈대를 지지하고, 몸을 움직이게 해 줘요. 이곳의 근육들은 우리가 마음먹은 대로 움직일 수 있다고 하여 '**수의근**(맘대로근)'이라고 불러요.
이 근육들은 유연한 케이블 같은 **힘줄**로 뼈에 연결되어 있어요. 우리 몸에는 모양과 크기가 각각 다른 뼈대근이 **600개** 넘게 있어요.

몸을 움직이는 힘은 몸 뒤쪽에 있는 근육에서 나와요. 우리가 머리와 목, 등뼈, 팔을 움직일 수 있는 것도 이 근육들 덕분이지요. 넓적다리와 종아리 뒤쪽에 있는 근육들은 걷고, 달리고, 뛰어오를 수 있게 해 줘요.

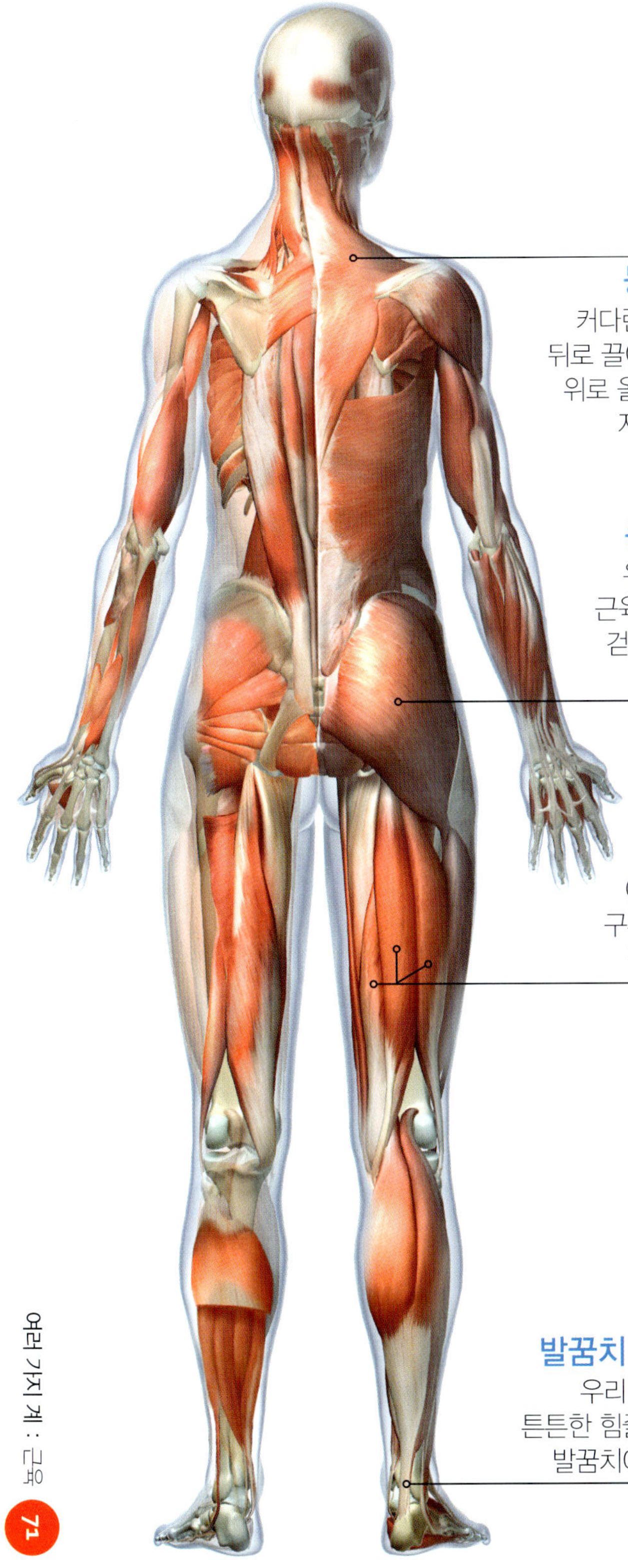

종아리 근육(하퇴근)
이 두 근육은 발을 아래로 밀거나 위로 구부리게 해 줘요.

넙다리 네 갈래근 (큰넙다리근)
엉덩이 부분에서 넙적다리를 구부리고, 걷거나 달릴 때 무릎을 펴게 해 줘요.

등세모근(승모근)
커다란 이 근육은 머리를 뒤로 끌어당기고, 어깨뼈를 위로 올리고, 어깨 관절을 지지하는 일을 해요.

큰볼기근(대둔근)
우리 몸에서 가장 큰 근육이에요. 이 근육은 걷고, 뛰고, 기어오를 수 있게 도와줘요.

뒤넙다리근
이 세 근육은 무릎을 구부리고, 넙적다리를 펼 수 있게 해 줘요.

발꿈치 힘줄(아킬레스건)
우리 몸에서 가장 두껍고 튼튼한 힘줄이에요. 이 힘줄은 발꿈치에 연결되어 있어요.

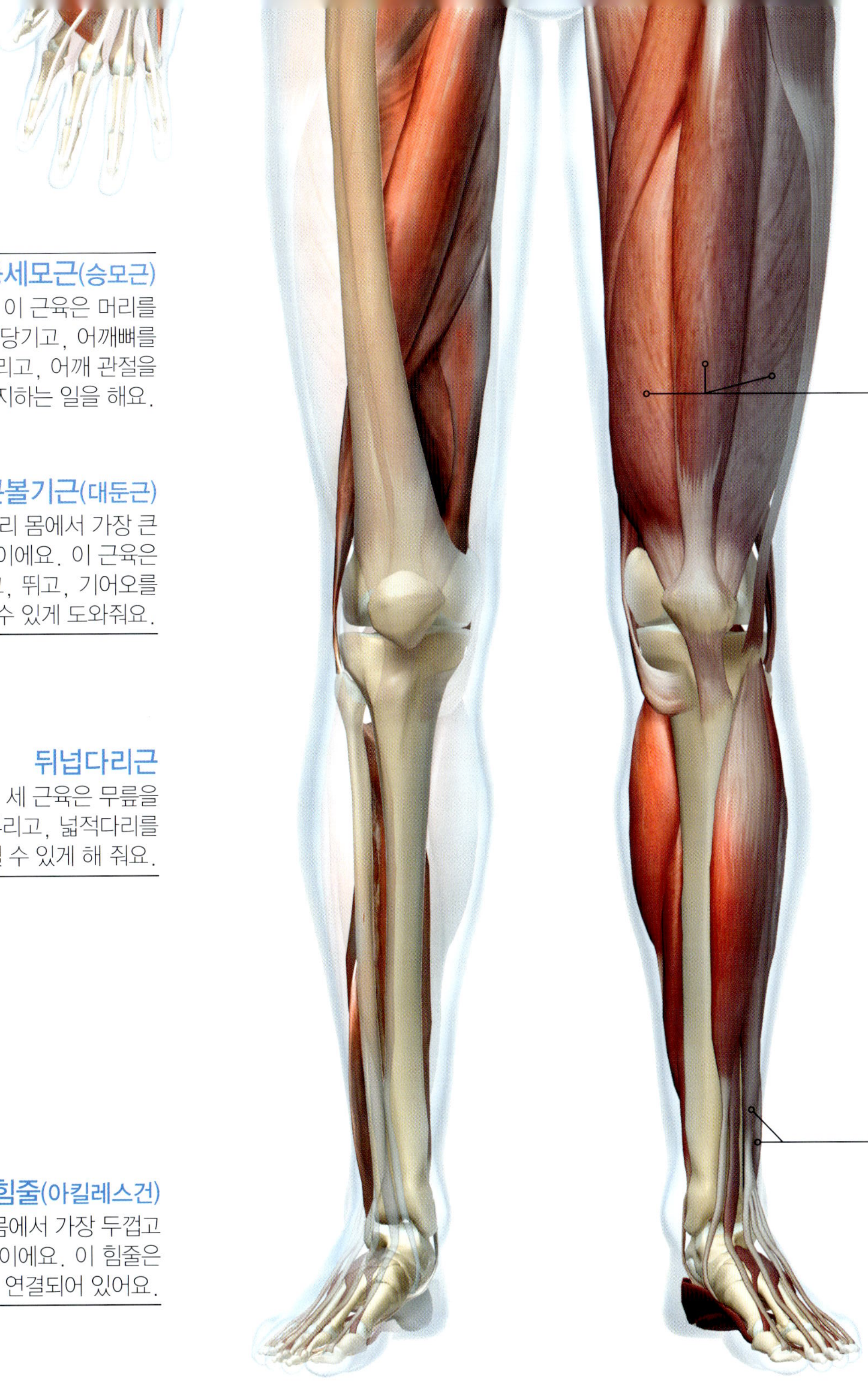

여러 가지 계 : 근육 **71**

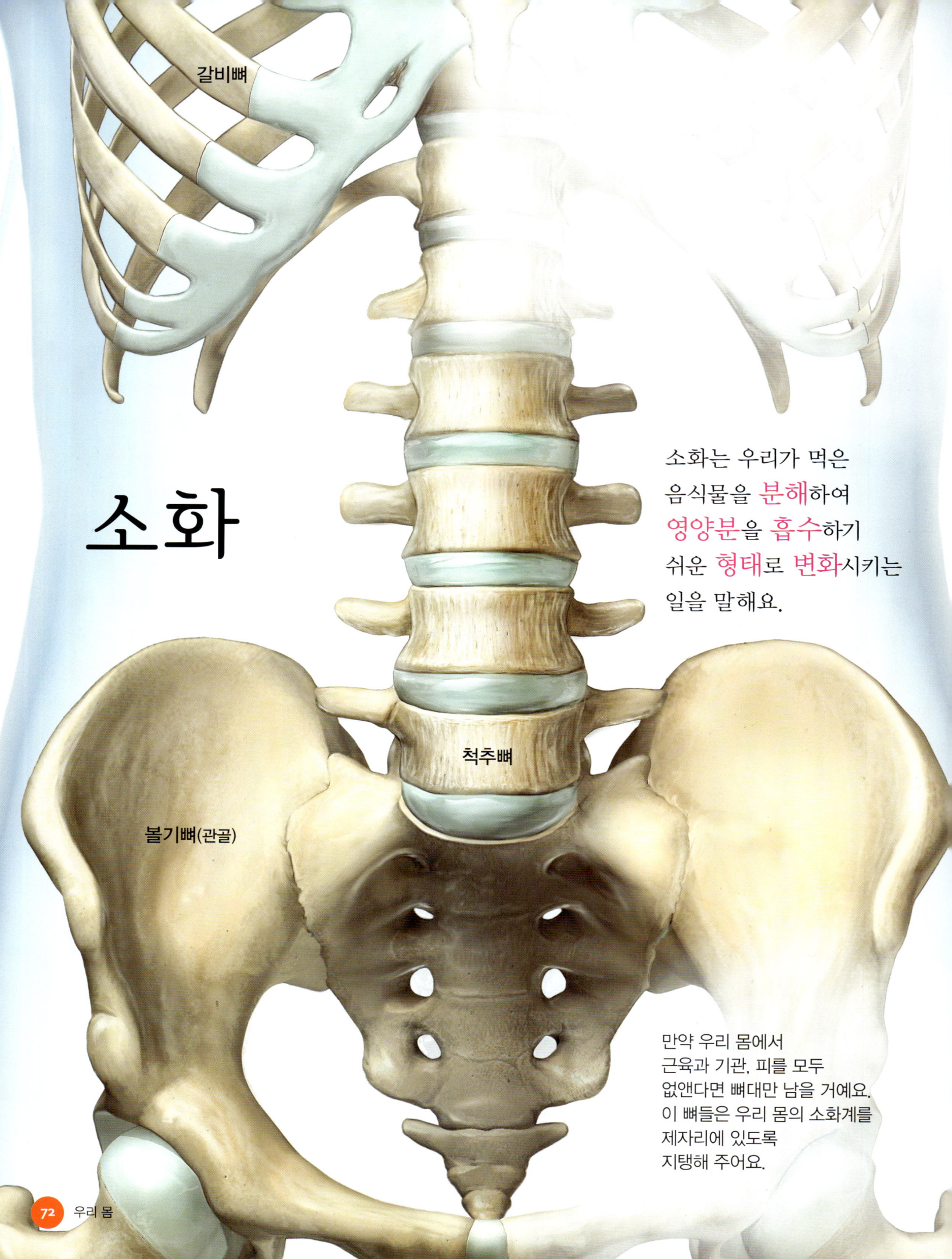

소화

갈비뼈

척추뼈

볼기뼈(관골)

소화는 우리가 먹은 음식물을 **분해**하여 **영양분**을 **흡수**하기 쉬운 **형태**로 **변화**시키는 일을 말해요.

만약 우리 몸에서 근육과 기관, 피를 모두 없앤다면 뼈대만 남을 거예요. 이 뼈들은 우리 몸의 소화계를 제자리에 있도록 지탱해 주어요.

음식물을 씹어 삼킨 뒤에 일어나는 소화 단계를 보여 주는 그림이에요. 근육질로 이루어진 위벽은 음식물을 잘게 갈고, 소화액을 분비해 음식물을 죽처럼 만들어요. 이렇게 반쯤 소화된 음식물은 위를 떠나 작은창자(소장)로 가요. 작은창자에서는 더 많은 소화액이 나와 음식물을 소화시키고 영양분을 흡수해요.

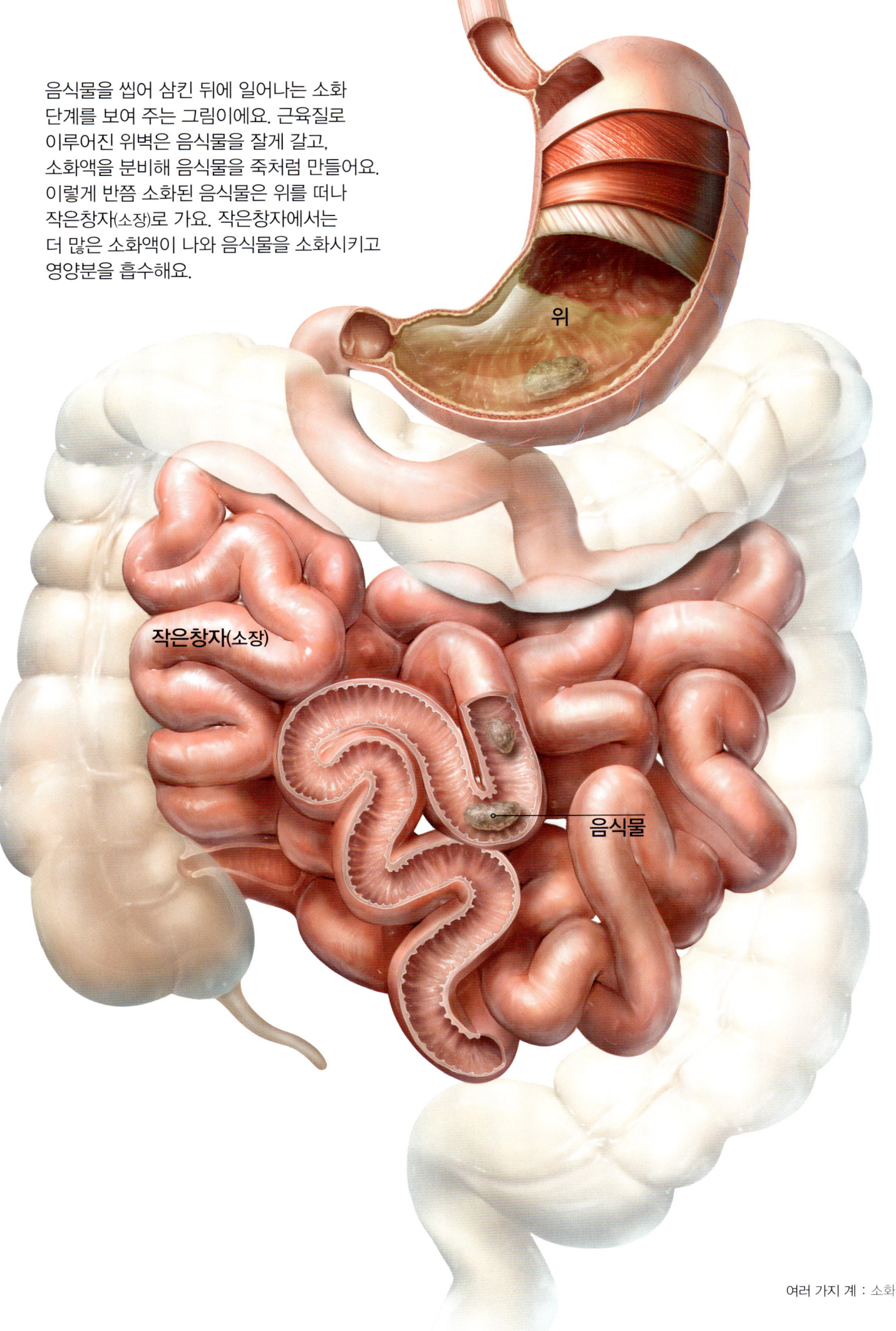

작은창자에서 소화된 음식물은 작은창자의 끝 부분인 돌창자(회장)를 지나 큰창자(대장)로 가요. 뒤쪽에서 바라본 이 그림은 음식물이 돌창자를 지나 곧창자(직장)로 가는 과정을 보여 주고 있어요. 똥으로 변한 음식물은 곧창자에서 항문을 지나 몸 밖으로 나와요.

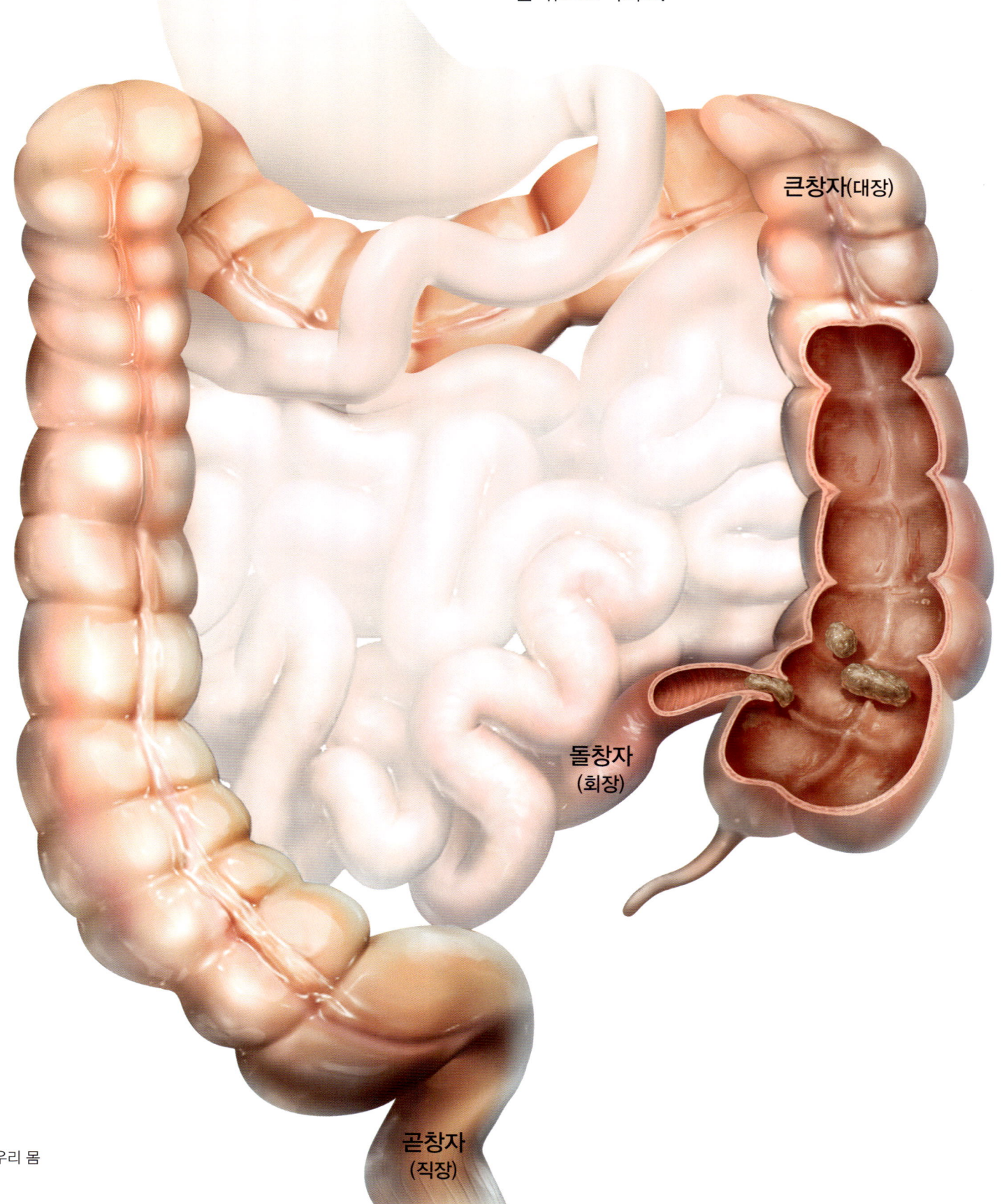

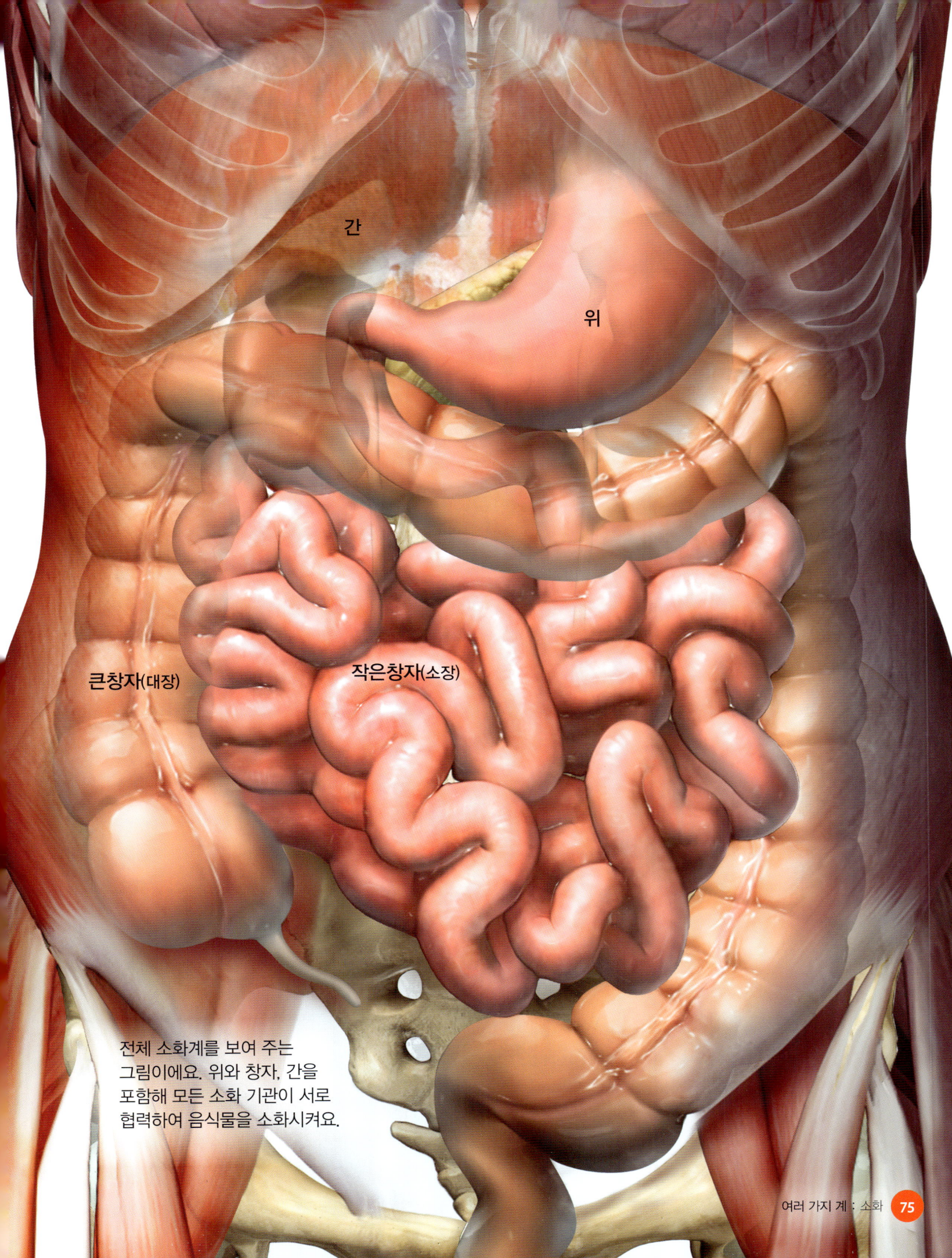

뼈대(골격)

우리 몸의 **뼈대**는 200개 이상의 뼈로 이루어져 있는데, 크게 두 부분으로 나눌 수 있어요.
하나는 몸을 지지하며 부드러운 장기를 보호하는 **머리뼈**(두개골), **척추뼈**, **갈비뼈**(늑골), **복장뼈**(흉골)이고, 다른 하나는 몸이 움직이는 걸 도와주는 **팔과 다리, 가슴과 허리 주변에** 있는 뼈들이에요. 뼈대가 없으면 우리 몸은 축 늘어져서 형태를 유지하기 어려워요.

하나 더 알아보기!
인간과 기린의 목뼈 수는 같아요. 다만 기린의 척추뼈가 사람보다 길 뿐이에요.

갈비뼈(늑골)
심장과 허파를 보호해요.

척추뼈
머리뼈 아래에서 엉덩이 부위까지 33개의 뼈가 이어져 척추를 이루는데, 그중 하나하나의 뼈를 가리켜요.

볼기뼈(관골)
몸통과 다리를 연결하는 한 쌍의 큰 뼈예요.

이마뼈(전두골)
머리뼈(두개골) 앞부분과 눈구멍 위쪽을 이루고 있는 뼈에요.

귓속뼈(청골)
가운데귀에는 우리 몸에서 가장 작은 3개의 뼈가 있어요.

복장뼈(흉골)
갈비뼈와 어깨뼈를 연결해요.

76 우리 몸

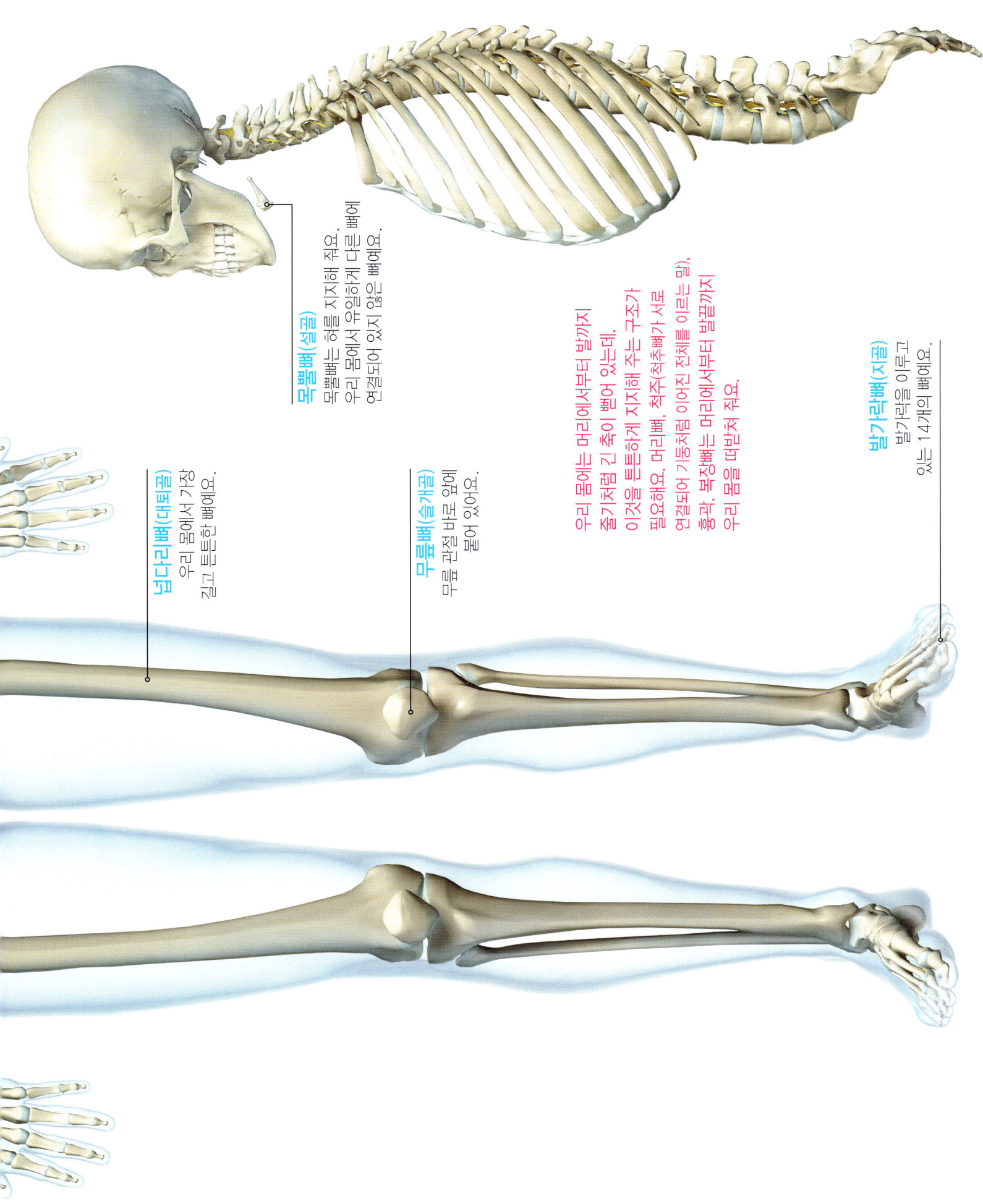

목뿔뼈(설골)
목뿔뼈는 혀를 지지해 줘요. 우리 몸에서 유일하게 다른 뼈에 연결되어 있지 않은 뼈예요.

우리 몸에는 머리에서부터 발가락지 줄기처럼 긴 축이 뻗어 있는데, 이것을 튼튼하게 지지해 주는 구조가 필요해요. 머리뼈, 척주(척주뼈가 서로 연결되어 기둥처럼 이어진 전체를 이르는 말), 흉곽, 복장뼈는 머리에서부터 발끝까지 우리 몸을 떠받쳐 줘요.

넙다리뼈(대퇴골)
우리 몸에서 가장 길고 튼튼한 뼈예요.

무릎뼈(슬개골)
무릎 관절 바로 앞에 붙어 있어요.

발가락뼈(지골)
발가락을 이루고 있는 14개의 뼈예요.

여러 가지 계 : 뼈대(골격) **77**

이마굴
눈 위쪽의 이마에 있어요.

벌집뼈 동굴
코와 눈 사이에 있어요.

나비굴
코와 눈 뒤쪽에 있어요.

위턱굴
위턱의 광대뼈 옆에 있어요.

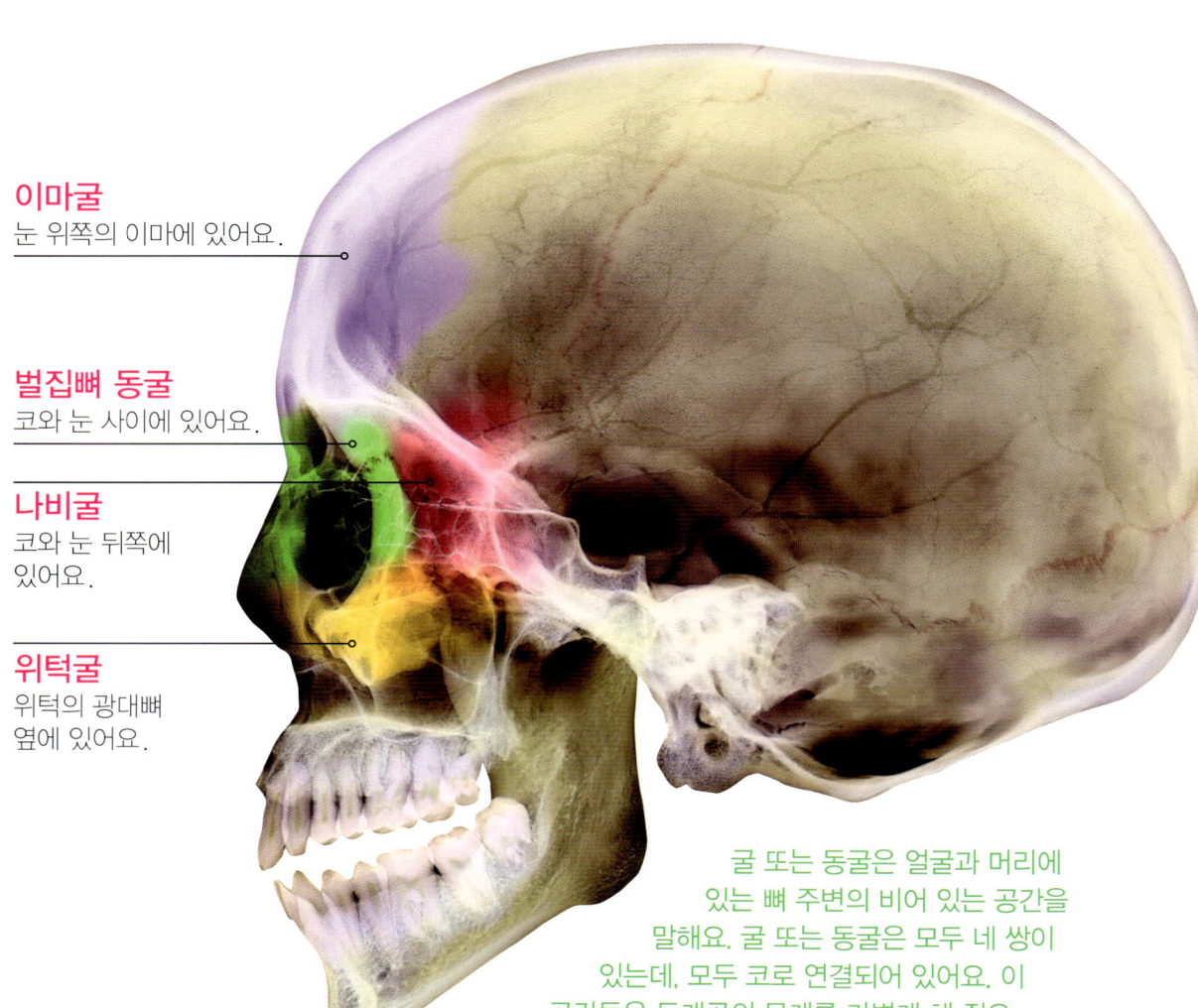

굴 또는 동굴은 얼굴과 머리에 있는 뼈 주변의 비어 있는 공간을 말해요. 굴 또는 동굴은 모두 네 쌍이 있는데, 모두 코로 연결되어 있어요. 이 공간들은 두개골의 무게를 가볍게 해 줘요.

이마뼈(전두골)
두껍고 단단한 이마뼈는 머리뼈(두개골)를 보호해 줘요.

코뼈(비골)
두 뼈가 쌍을 이루어 콧등 윗부분에 자리하고 있어요.

머리뼈(두개골)

뇌를 보호하는 **머리뼈**는 얼굴과 목의 근육들과 연결되어 있어요. 머리뼈는 모두 **29개**의 뼈로 이루어져 있어요. 그중 14개는 얼굴에 있는데, **눈**을 제자리에 붙어 있게 하고, **얼굴**이 제 모양을 가지도록 해 주어요. 나머지 뼈들은 이마와 머리 뒤쪽에 있어요. 얼굴을 이루는 뼈들은 대부분 **쌍**으로 존재하기 때문에 얼굴의 **양쪽** 모습이 **거울**에 비친 듯 비슷해요.

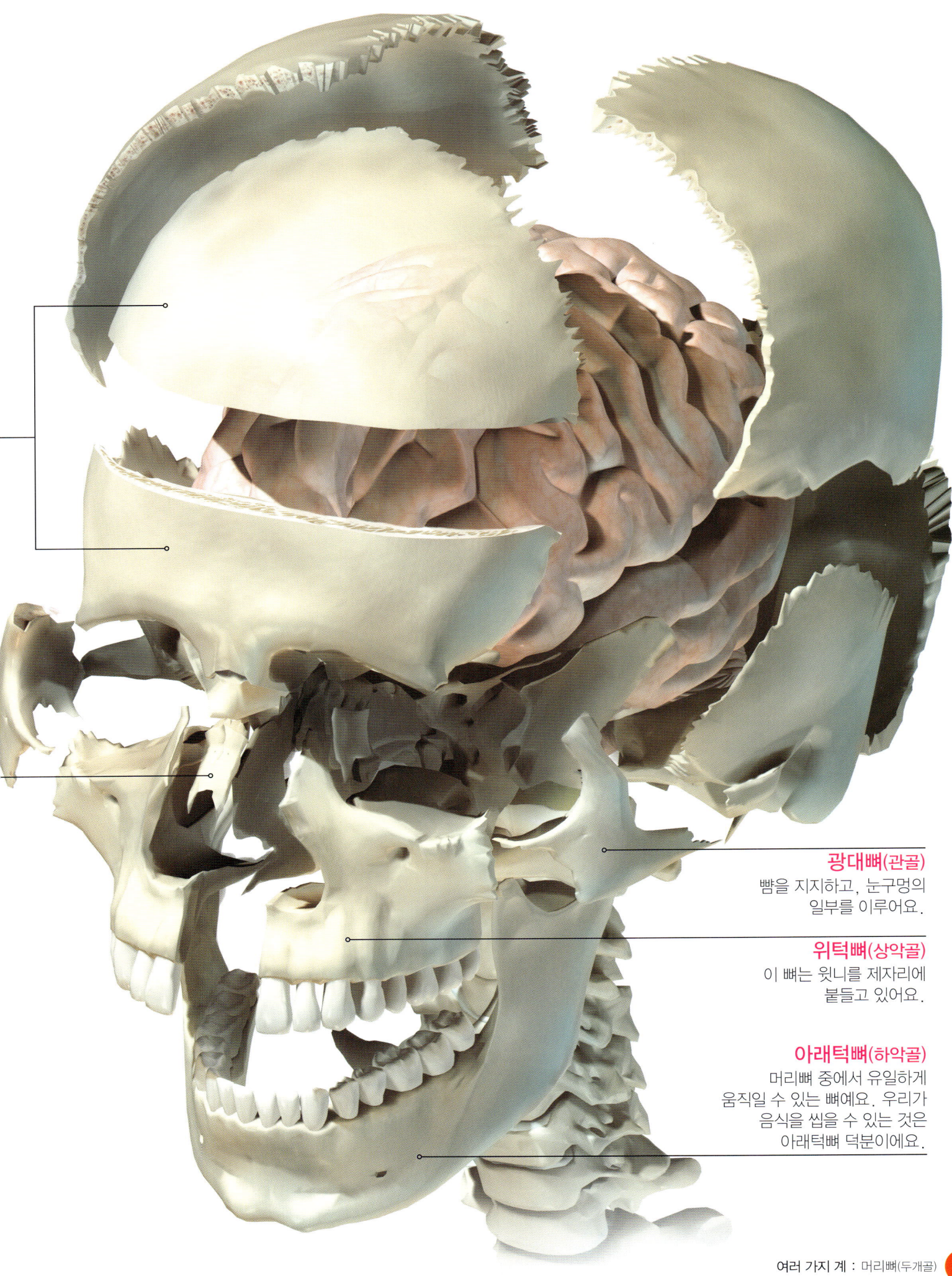

광대뼈(관골)
뺨을 지지하고, 눈구멍의 일부를 이루어요.

위턱뼈(상악골)
이 뼈는 윗니를 제자리에 붙들고 있어요.

아래턱뼈(하악골)
머리뼈 중에서 유일하게 움직일 수 있는 뼈예요. 우리가 음식을 씹을 수 있는 것은 아래턱뼈 덕분이에요.

여러 가지 계 : 머리뼈(두개골)

뼈

뼈는 우리 몸을 **지탱**하고, 몸속의 부드러운 기관들을 **보호**해요. 그렇기 때문에 뼈는 아주 **튼튼**하고 **단단**해야 해요. 뼈의 바깥쪽은 무겁고 두꺼운 **치밀뼈** 조직으로 이루어져 있지만, 안쪽은 가벼운 **해면뼈** 조직으로 이루어져 있어요. 해면뼈 조직 속의 공간에는 **골수**가 들어 있어요. 일부 뼈에는 새로운 혈액 세포(혈구)를 만드는 **적색 골수**가 들어 있어요.

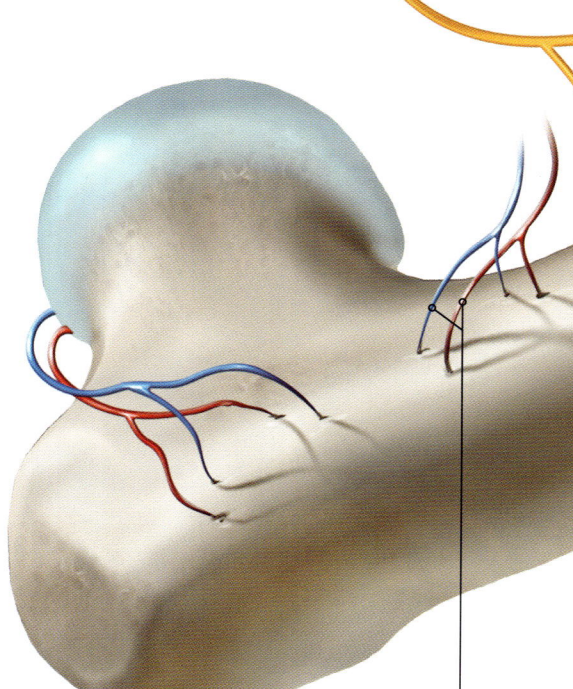

신경
신경은 신호를 뼈의 다른 부분으로 전달해요.

골수
황색 골수는 지방을 저장해요.

혈관
피는 혈관을 통해 산소와 영양소를 뼈에 공급하고, 노폐물을 실어 날라요.

하나 더 알아보기!
뼈도 살아 있어요! 뼈의 단단한 바깥 부분은 질긴 섬유와 광물질뿐만 아니라 살아 있는 세포로 이루어져 있고, 피와 신경이 지나가요. 그렇지만 뼈가 부러지면 다시 복구하는 데 약 3개월이 걸려요.

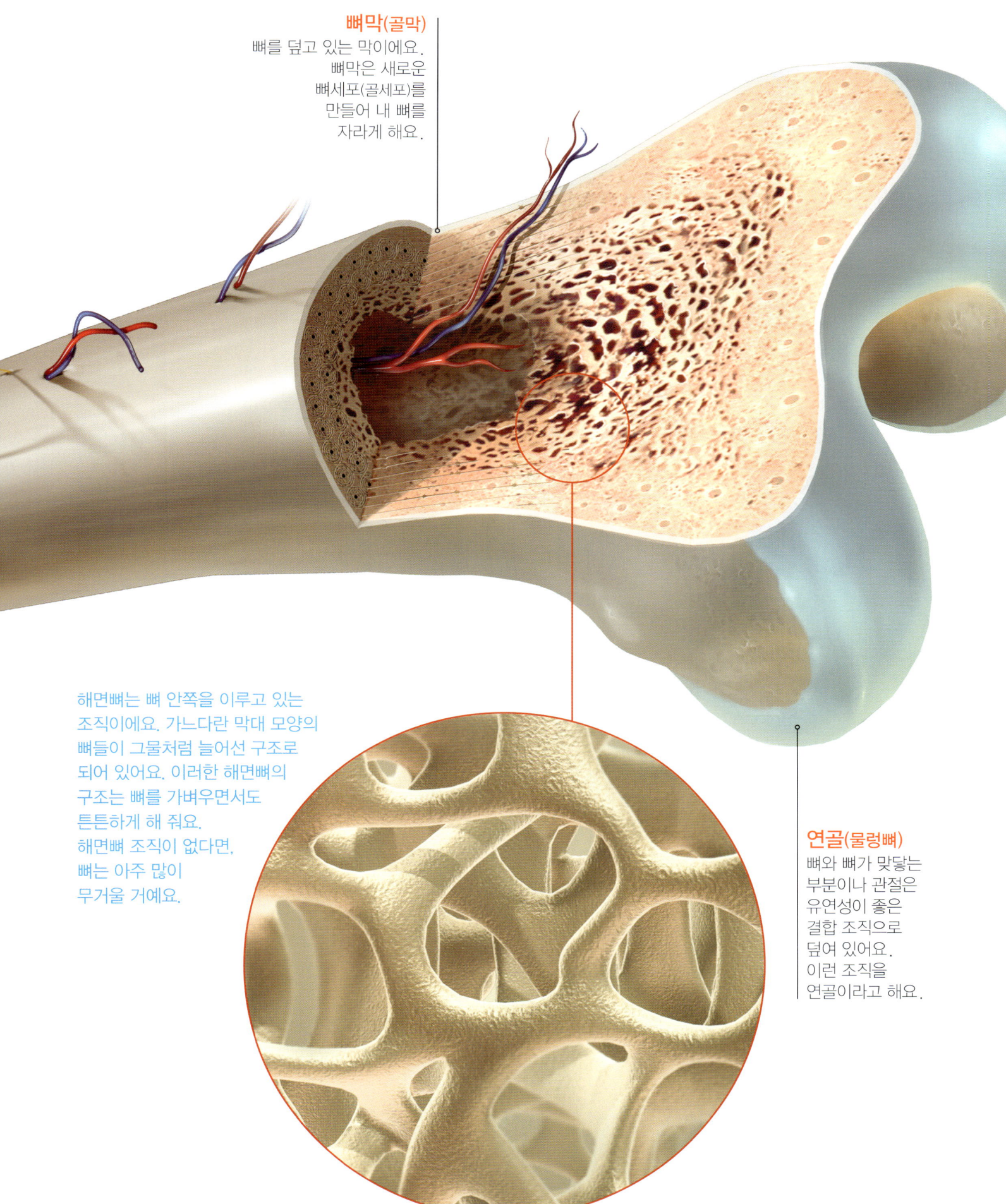

뼈막(골막)
뼈를 덮고 있는 막이에요. 뼈막은 새로운 뼈세포(골세포)를 만들어 내 뼈를 자라게 해요.

해면뼈는 뼈 안쪽을 이루고 있는 조직이에요. 가느다란 막대 모양의 뼈들이 그물처럼 늘어선 구조로 되어 있어요. 이러한 해면뼈의 구조는 뼈를 가벼우면서도 튼튼하게 해 줘요. 해면뼈 조직이 없다면, 뼈는 아주 많이 무거울 거예요.

연골(물렁뼈)
뼈와 뼈가 맞닿는 부분이나 관절은 유연성이 좋은 결합 조직으로 덮여 있어요. 이런 조직을 연골이라고 해요.

순환계

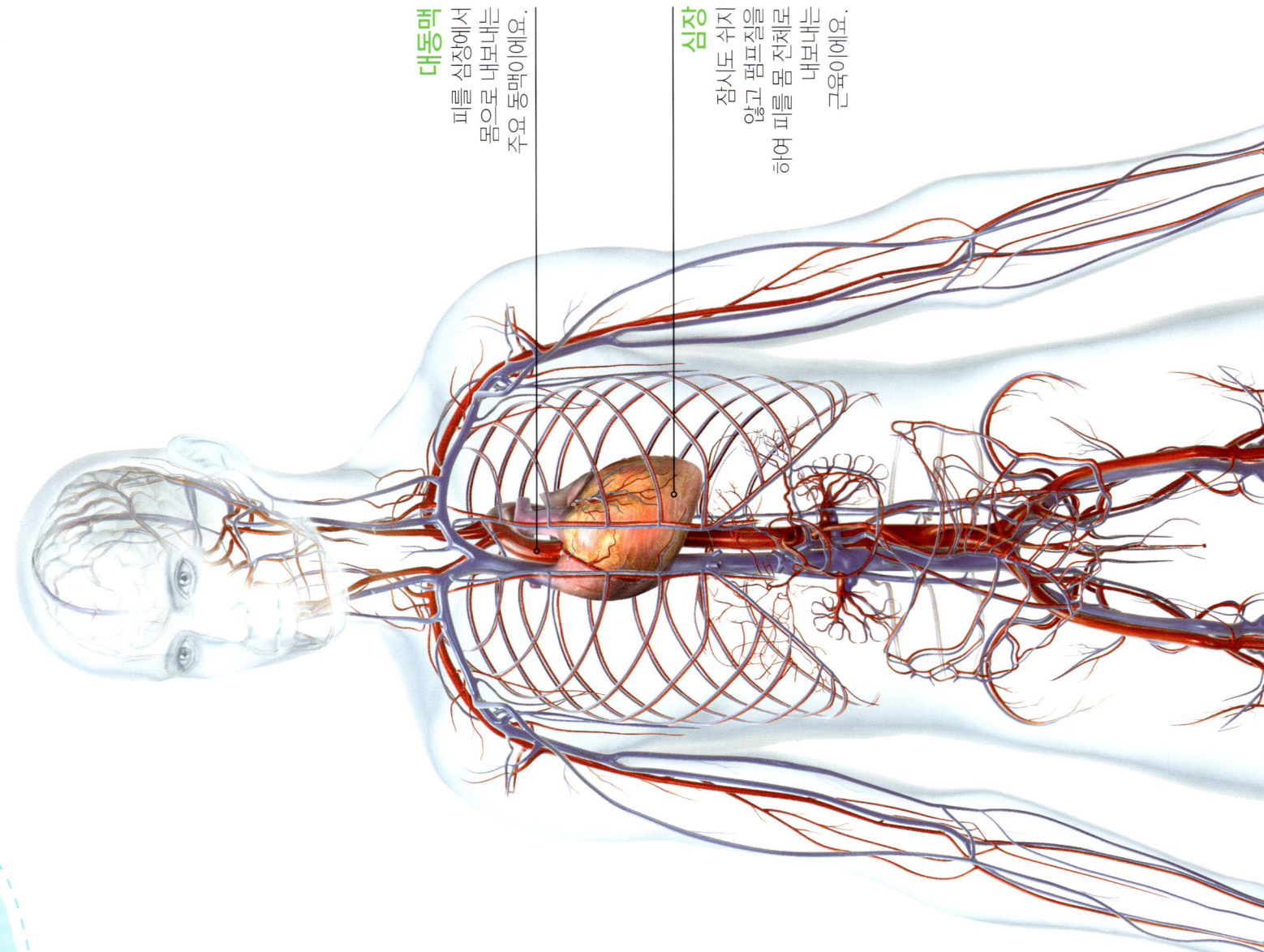

심장은 동맥과 모세 혈관, 정맥으로 이루어진 **혈관**을 통해 피가 온몸으로 돌게 해요. 혈관은 피가 필요한 곳으로 갈 수 있게 해 주는 **도로**와 같아요. **피**는 온몸을 돌면서 수조 개의 세포에게 주어야 할 것을 정확하게 **전달**하고, 받아야 할 것을 실수 없이 가져와야 해요. 예를 들면 피는 허파에서 신선한 **산소**를 받아 오고, **이산화탄소**를 내려놓고 와야 해요.

대동맥
피를 심장에서 몸으로 내보내는 주요 동맥이에요.

심장
잠시도 쉬지 않고 펌프질을 하여 피를 몸 전체로 내보내는 근육이에요.

하나 더 알아보기!

보통 어른의 몸에는 피가 4.5리터 이상 들어 있어요. 혈액 세포 하나가 온몸을 한 바퀴 돌고 다시 심장으로 돌아오는 데에는 약 20초밖에 걸리지 않아요.

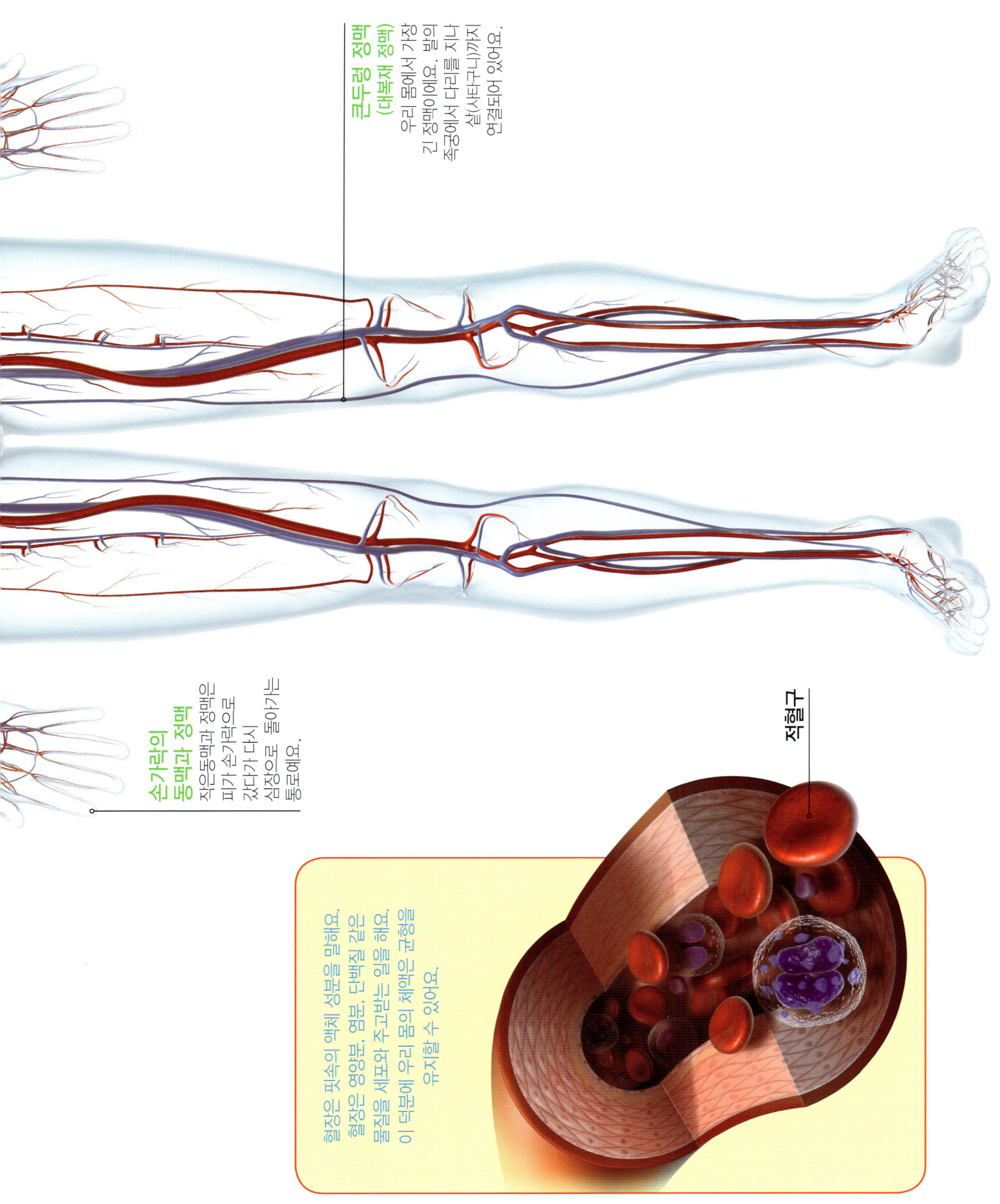

큰두렁 정맥 (대복재 정맥)
우리 몸에서 가장 긴 정맥이에요. 발의 옆공에서 다리를 지나 샅(사타구니)까지 연결되어 있어요.

손가락의 동맥과 정맥
작은동맥과 정맥은 피가 손가락으로 갔다가 다시 심장으로 돌아가는 통로예요.

적혈구

혈장은 핏속의 액체 성분을 말해요. 혈장은 영양분, 염분, 단백질 같은 물질을 세포와 주고받는 일을 해요. 이 덕분에 우리 몸의 체액은 균형을 유지할 수 있어요.

여러 가지 계 : 순환계

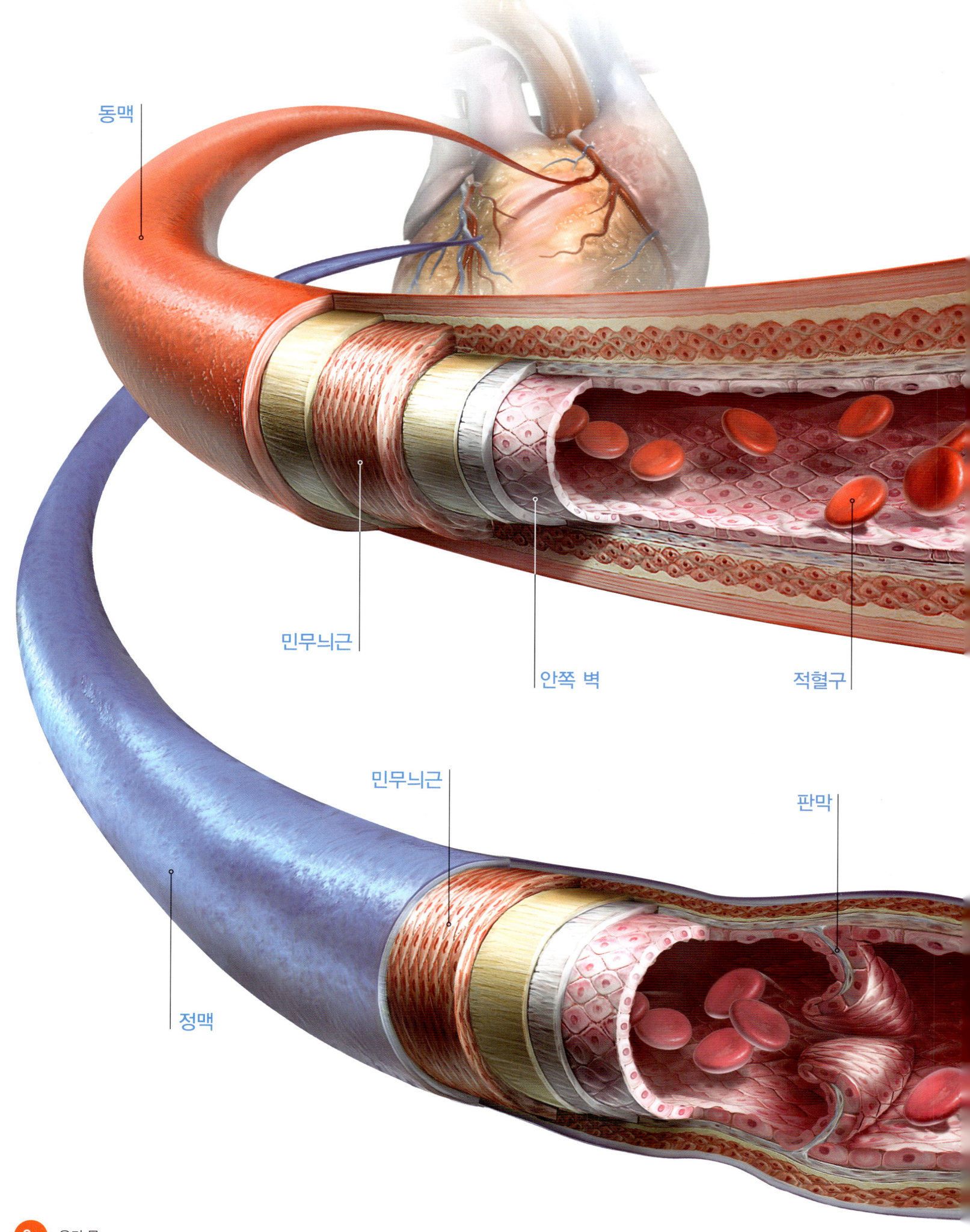

혈관

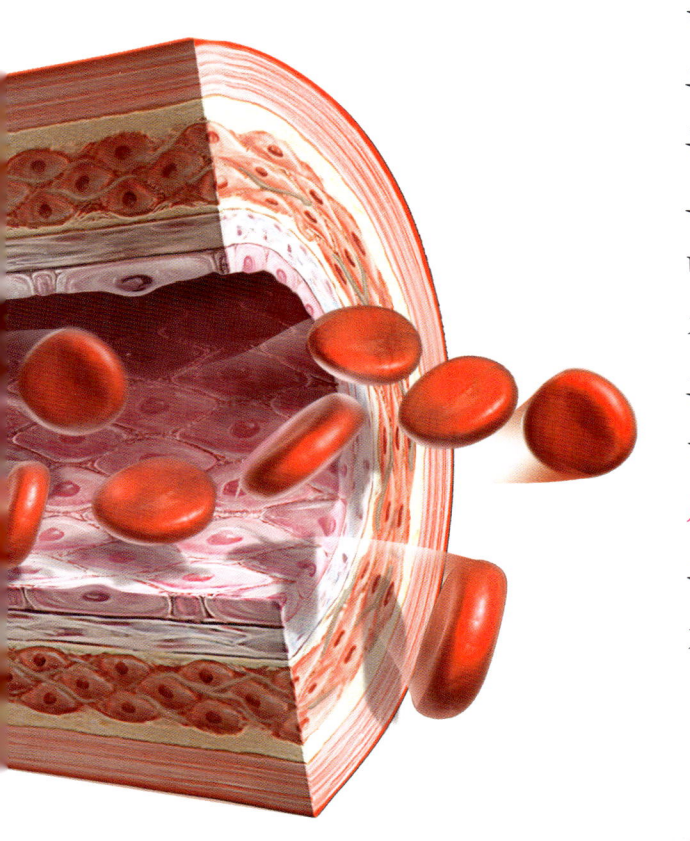

혈관은 크게 **동맥**과 **정맥**으로 나눌 수 있어요. 동맥은 혈관 벽이 두껍고, 튼튼하고, 잘 늘어나며, **심장**에서 내보내는 피를 우리의 온몸으로 실어 나르는 길이에요. **정맥**은 동맥과 반대로, 피가 몸에서 심장으로 가는 길이에요. 정맥에는 피의 흐름을 조절하고, 피가 거꾸로 흘러가지 않도록 하는 **판막**이 있어요. 그 밖에 혈관에는 **세동맥**(작은동맥), **모세 혈관**, **세정맥**(작은정맥)이 있어요. 모두 우리 몸 구석구석으로 피를 실어 나르고, 혈액 순환이 계속 잘 되도록 도움을 주는 혈관들이에요.

작은 혈관이 터지면, 혈소판과 그물 같은 끈적끈적한 섬유소가 적혈구에 들러붙어 핏덩어리를 만들어요.

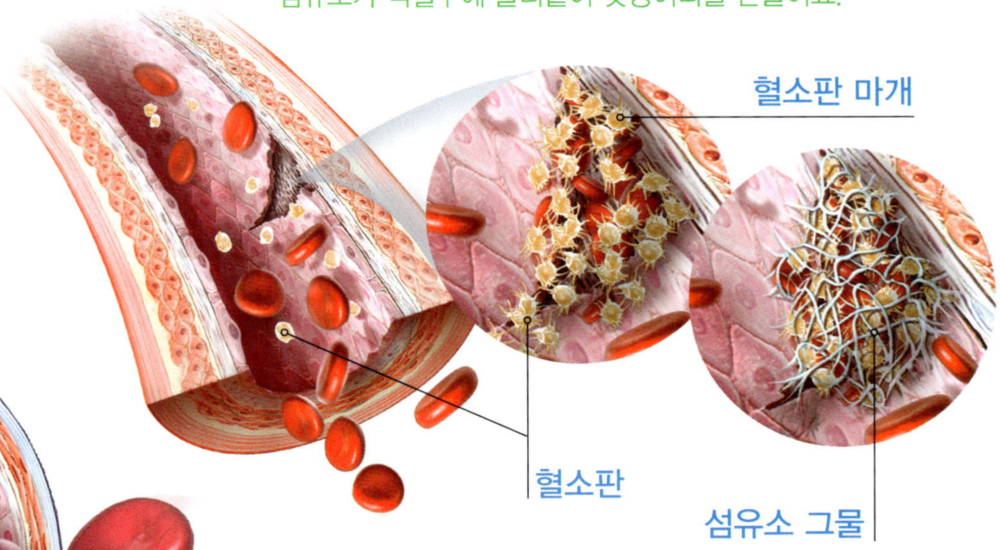

- 혈소판 마개
- 혈소판
- 섬유소 그물

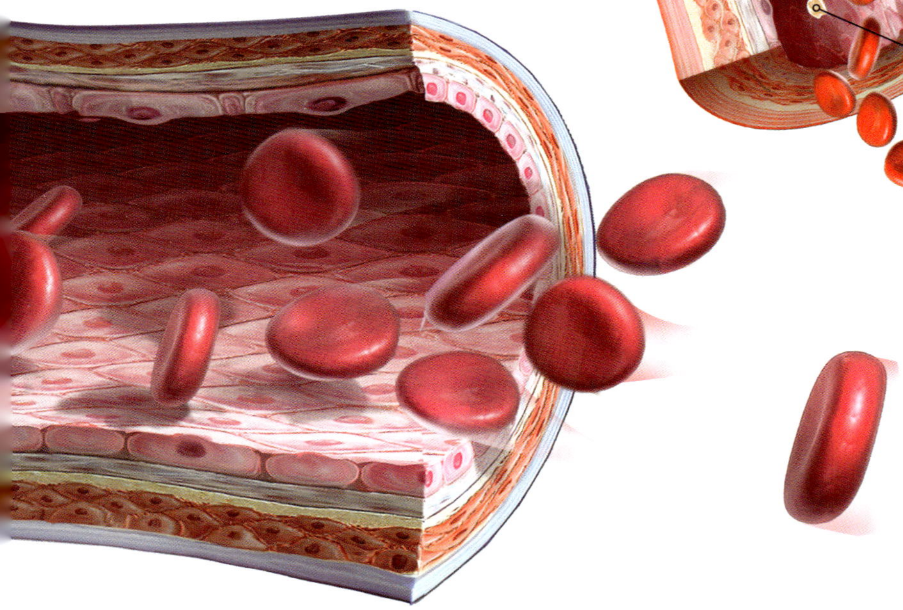

신경계

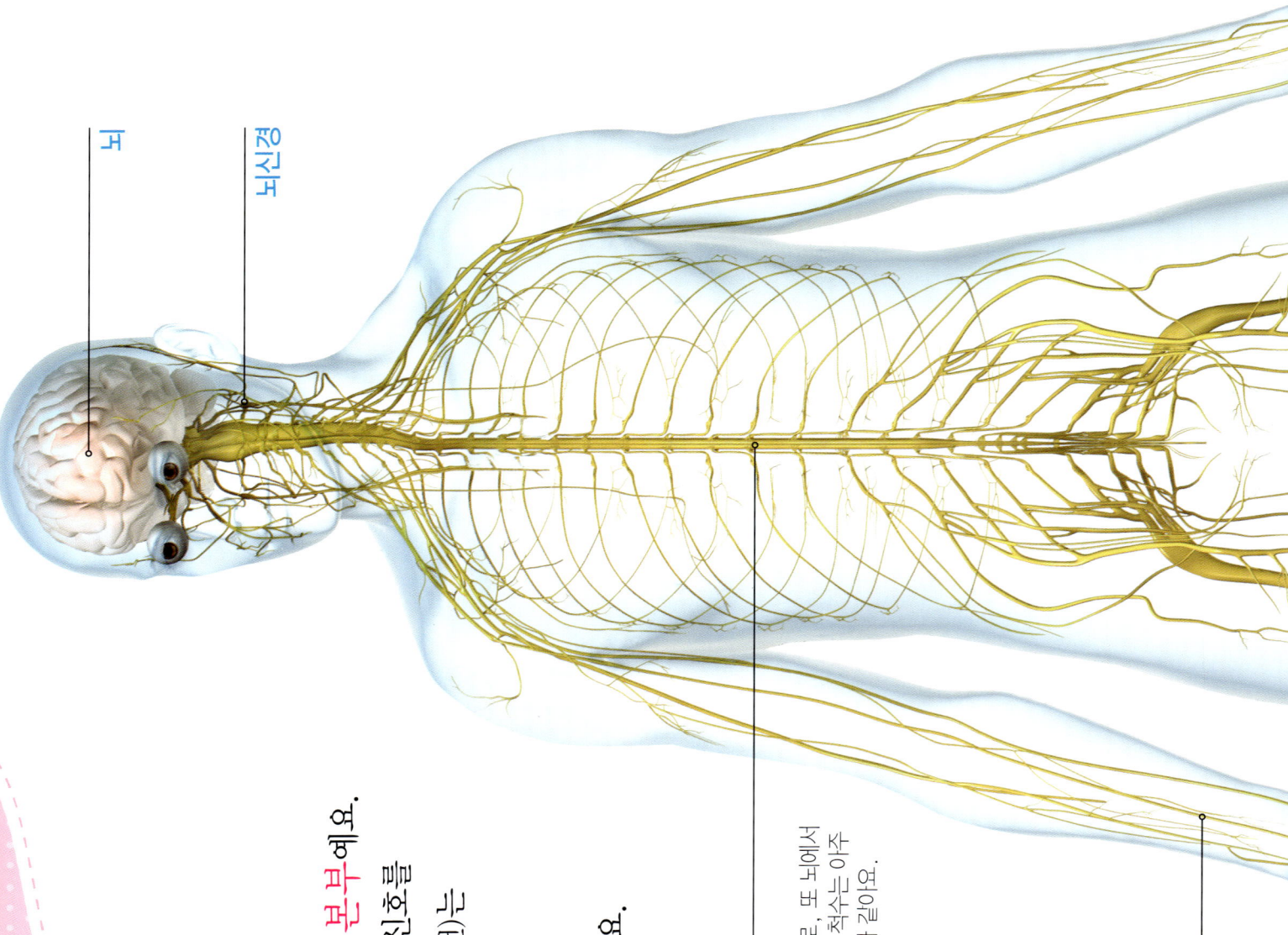

뇌

뇌신경

척수
신호를 몸에서 뇌로, 또 뇌에서 몸으로 전달해요. 척수는 아주 훌륭한 고속도로와 같아요.

정중 신경
아래팔과 손목과 손가락에 있는 근육들을 담당해요.

우리 몸을 이루는 모든 부위는 신경을 통해 뇌와 연결되어 있어요. 뇌는 신경계의 지휘 본부예요.

몸 안과 밖에서 일어나는 일을 뇌가 알도록 신호를 전달하는 신경 세포인 감각 신경 세포(뉴런)는 수천만 개나 있어요. 신호를 전달 받은 중추 신경계는 그 신호를 해석한 뒤, 몸의 각 부위에 어떤 행동을 하라는 신호를 보내요.

하나 더 알아보기!

어른의 몸에 있는 신경을 모두 연결하면 길이가 약 75킬로미터나 된답니다!

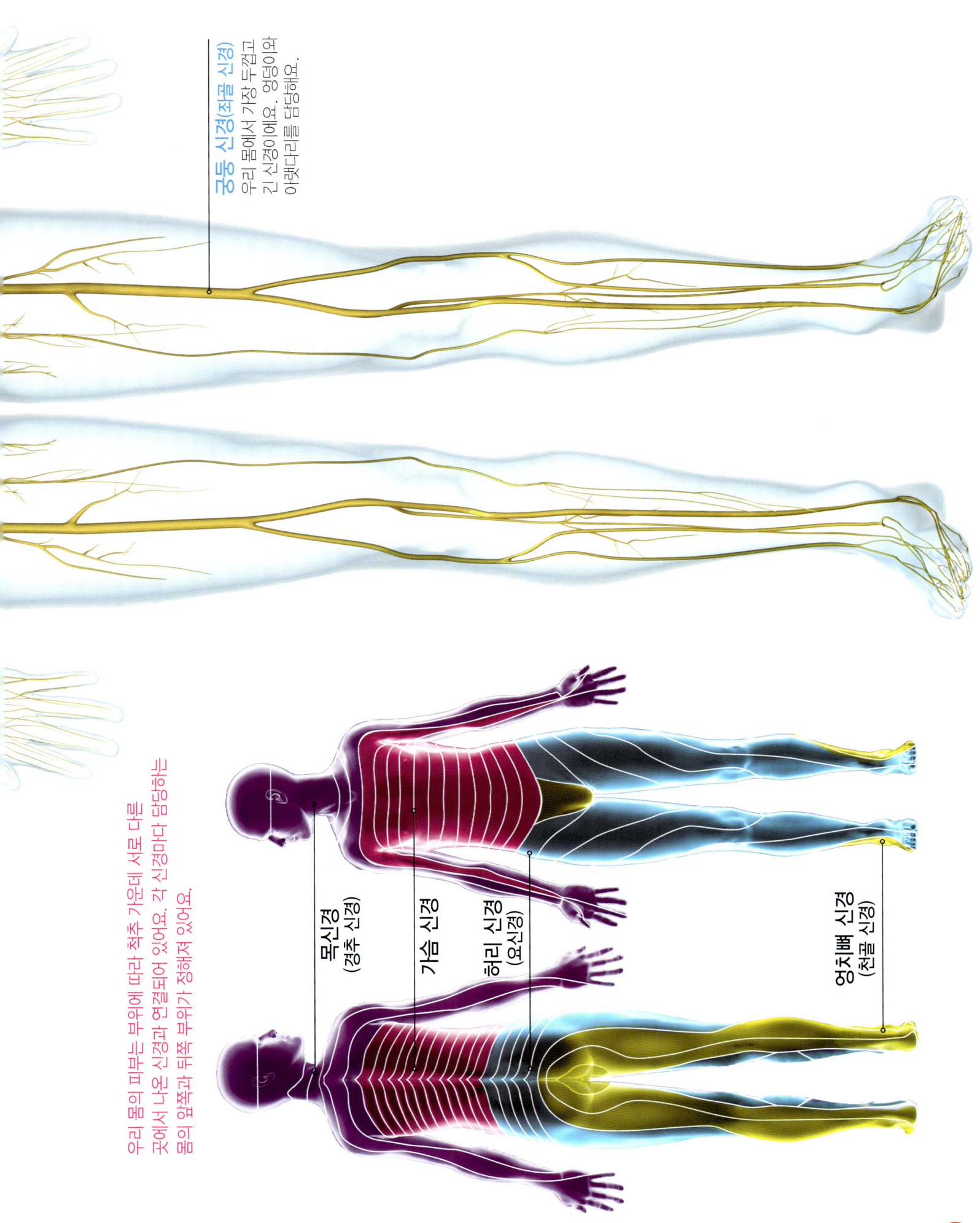

궁둥 신경(좌골 신경)
우리 몸에서 가장 두껍고 긴 신경이에요. 엉덩이어 아랫다리를 담당해요.

우리 몸의 피부는 부위에 따라 척추 가운데 서로 다른 곳에서 나온 신경과 연결되어 있어요. 각 신경마다 담당하는 몸의 앞쪽과 뒤쪽 부위가 정해져 있어요.

- 목신경 (경추 신경)
- 가슴 신경
- 허리 신경 (요신경)
- 엉치뼈 신경 (천골 신경)

여러 가지 계 : 신경계 **87**

신경

각각의 **신경**은 수많은 신경 세포(뉴런)로 이루어져 있어요. 신경 세포는 초속 약 90미터의 빠른 속도로 **신호**를 보낼 수 있어요. 신호는 신경 세포의 '팔'에 해당하는 **신경 돌기**(축삭 돌기)와 신경 세포와 신경 세포 사이의 틈인 **연접**(시냅스)을 지나 전달돼요. 그러면 **가지 돌기**(수상 돌기)가 그 신호를 받아 다시 다음 신경 세포에 전달해요. 신호는 이런 식으로 신경 세포와 신경 세포 사이를 지나 마침내 **목적지**에 도달해요.

신경 세포체

말이집(수초)
말이집은 신경 돌기를 둘러 싸고 있어요. 말이집은 신경 돌기를 통해 전기 신호가 빠르게 전달되도록 해 줘요.

신경 돌기
(축삭 돌기)

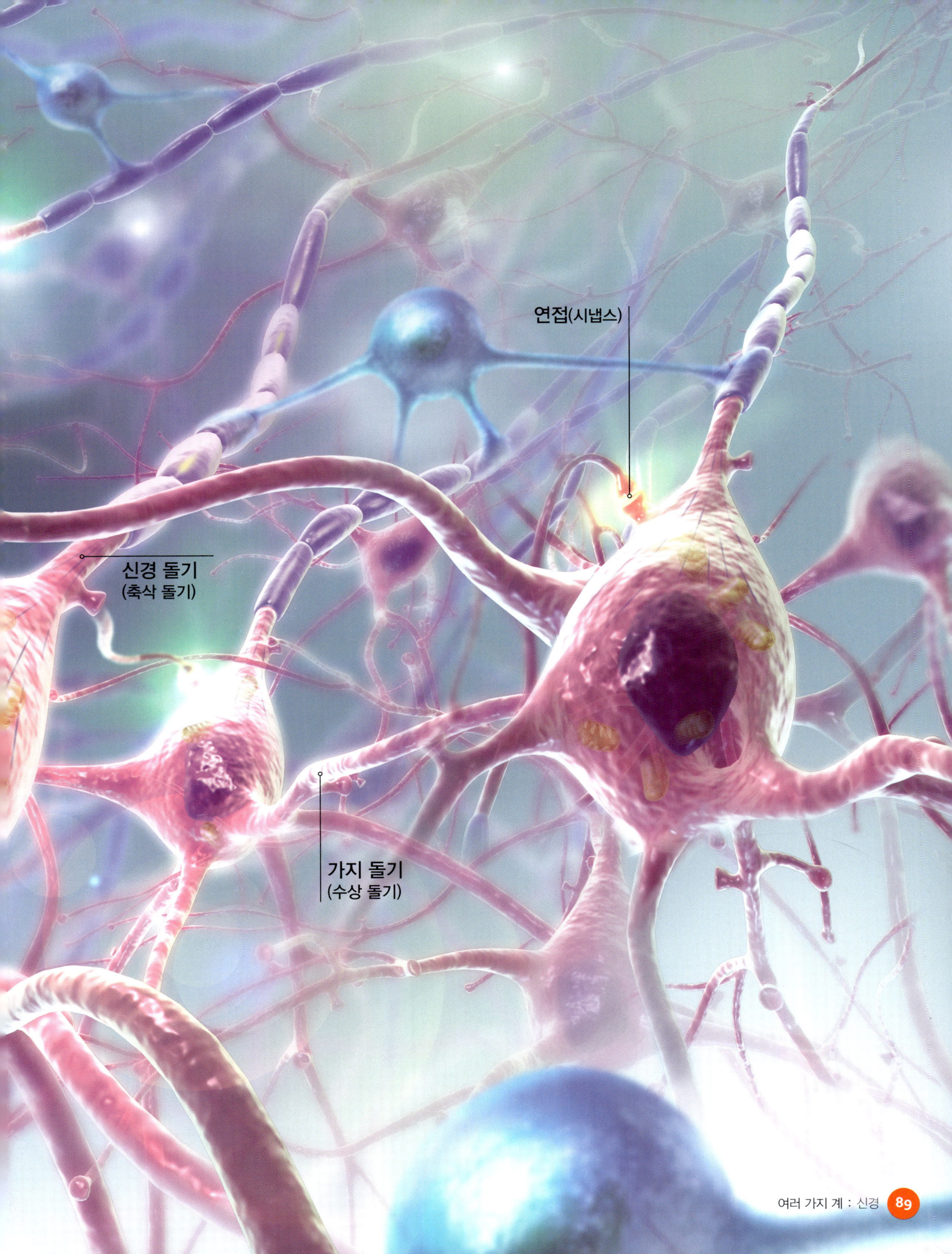

내분비계

내분비계는 신경계와 밀접하게 연결되어 일하는데, 내분비물(호르몬)이라는 물질을 만들어요. 내분비물은 내분비샘에서 만들어지는 것도 있고, 위나 심장 같은 기관에서 만들어지는 것도 있어요. 내분비샘은 소화액이나 땀, 침, 눈물처럼 우리 몸에 쓰이는 다른 물질도 만들어요. 내분비물은 신경계와 함께 우리 몸을 제어하고 조절하는 일을 해요. 그리고 음식물 소화, 체온 유지, 성장 조절 같은 일을 하는 데 도움을 줘요. 또 배고픔이나 목마름, 피곤을 느끼게 하는 일도 해요. 내분비물은 약 30가지가 있는데, 하는 일은 서로 달라요.

시상하부
가장 많은 종류의 내분비물을 만들어 내며, 대부분의 내분비물을 제어해요.

뇌하수체
내분비물을 만들기도 하지만, 시상하부가 만든 내분비물을 저장하는 일도 해요.

갑상샘(갑상선)
우리 몸의 에너지 수준을 조절해요.

가슴샘
몸이 병에 걸리지 않도록 돕는 내분비물을 만들어요.

심장
심장에서 만들어지는 내분비물은 혈압을 조절해요.

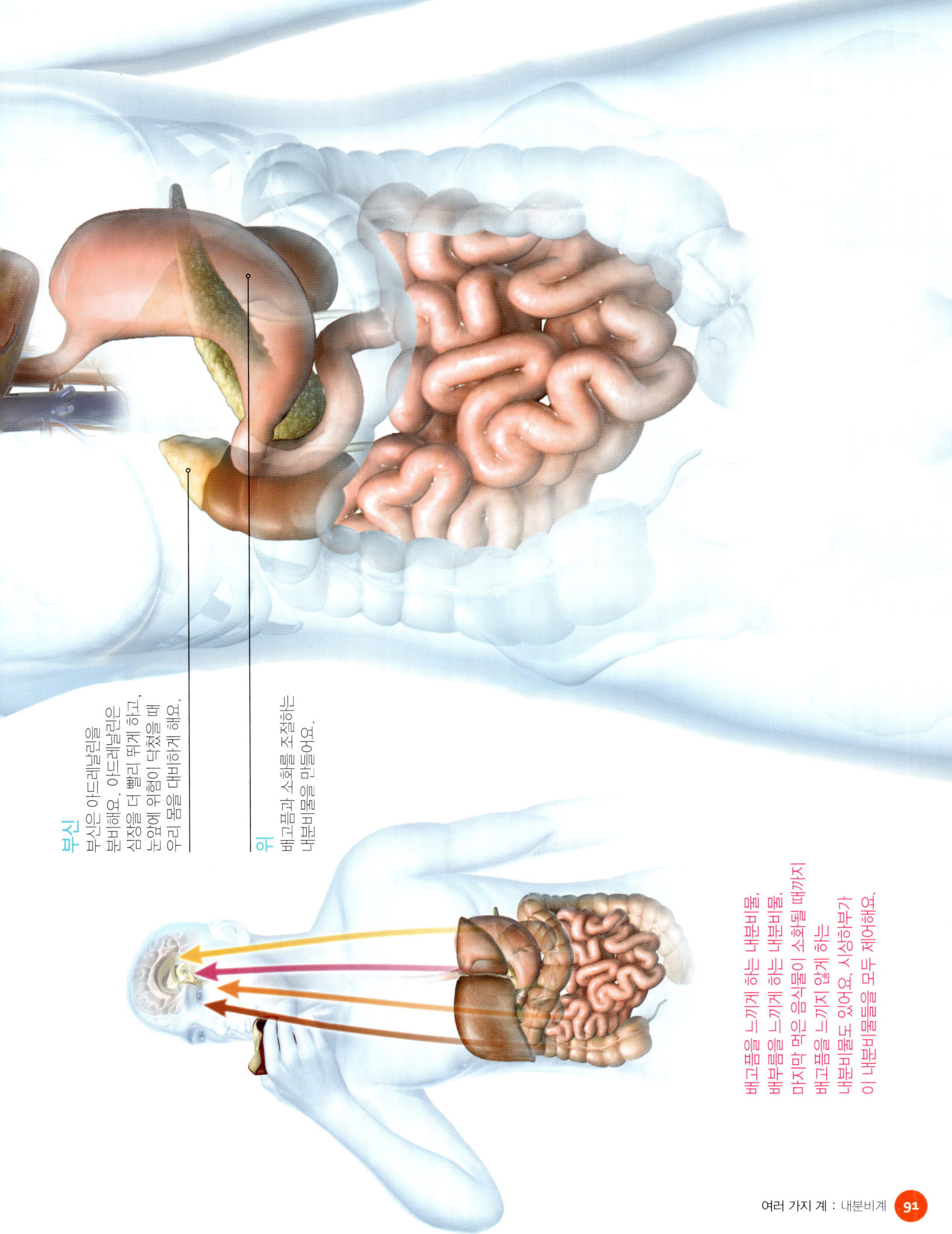

림프계

림프계는 림프관으로 이루어져 있는데, 병원균 **감염**에 맞서 몸을 **보호**하는 일을 해요. 혈관에서 림프라는 투명한 액체가 새어 나오는데, **림프**에는 물과 배출구를 비롯해 그 밖의 좋은 물질들이 들어 있어요. 림프관은 림프를 모아 다시 **핏속**으로 돌려보내요. **림프샘**이나 부드는 작은 기관들은 다른 조직들 및 기관들과 협력하여 **림프구**(백혈구의 한 종류)를 만들어요.

지라(비장)
지라는 피를 깨끗하게 하고, 병균을 제거해요.

적색 골수
백혈구와 적혈구가 만들어지는 곳이에요.

편도
편도는 감염에 맞서 싸우는 일을 해요. 우리 몸에는 4개의 편도가 있어요.

겨드랑 림프샘
겨드랑이 주변에는 림프샘이 20~30개 있어요.

막창자꼬리(충수)
이 림프 기관은 병균이 너무 많이 모이면 감염될 수 있어요. 그것이 바로 막창자꼬리염, 다시 말해 맹장염이에요.

92 우리 몸

백혈구 세포
이 혈액 성분은 병균을 잡아먹어요.

림프샘
림프샘은 크기가 콩알만 해요. 감기에 걸렸을 때 가끔 이 덩어리들이 목에 생긴 걸 느낄 수 있어요. 이것을 흔히 임파선(림프샘)이 부었다고 이야기하지요. 사실은 병균과 싸우느라 생겨난 림프샘이에요.

림프관
림프관은 피에서 새어 나온 림프를 온몸속으로 돌려보내죠.

하나 더 알아보기!
림프는 근육이 움직일 때 몸속을 돌아다녀요. 이것 하나만으로도 운동이 얼마나 건강에 좋은지 알겠지요?

여러 가지 계 : 림프계 93

방어 체계

우리 몸은 아주 강한 방어 체계를 갖추고 놀라운 방법으로 병균의 침입을 막거나 병균에 맞서 싸워요. 만약 몸속으로 해로운 세균이나 바이러스가 들어오면, 우리 몸은 '항체'라고 부르는 특별한 단백질을 만들어 적을 무찔러요. 항체는 피를 타고 몸속을 돌아다니면서 병균과 싸워요.

털집(모낭)
털집은 피지(기름)를 만들어요. 피지는 세균의 성장을 방해해요.

눈
눈물에는 눈을 보호하는 물질이 들어 있어요.

입과 목
침에는 세균을 물리치는 화학 물질이 들어 있어요.

피부
대부분의 병균은 피부를 뚫고 들어가지 못해요.

기도
기도에는 작은 털들이 나 있어요. 이 털들이 위험한 물질이 통과하지 못하게 붙들어요.

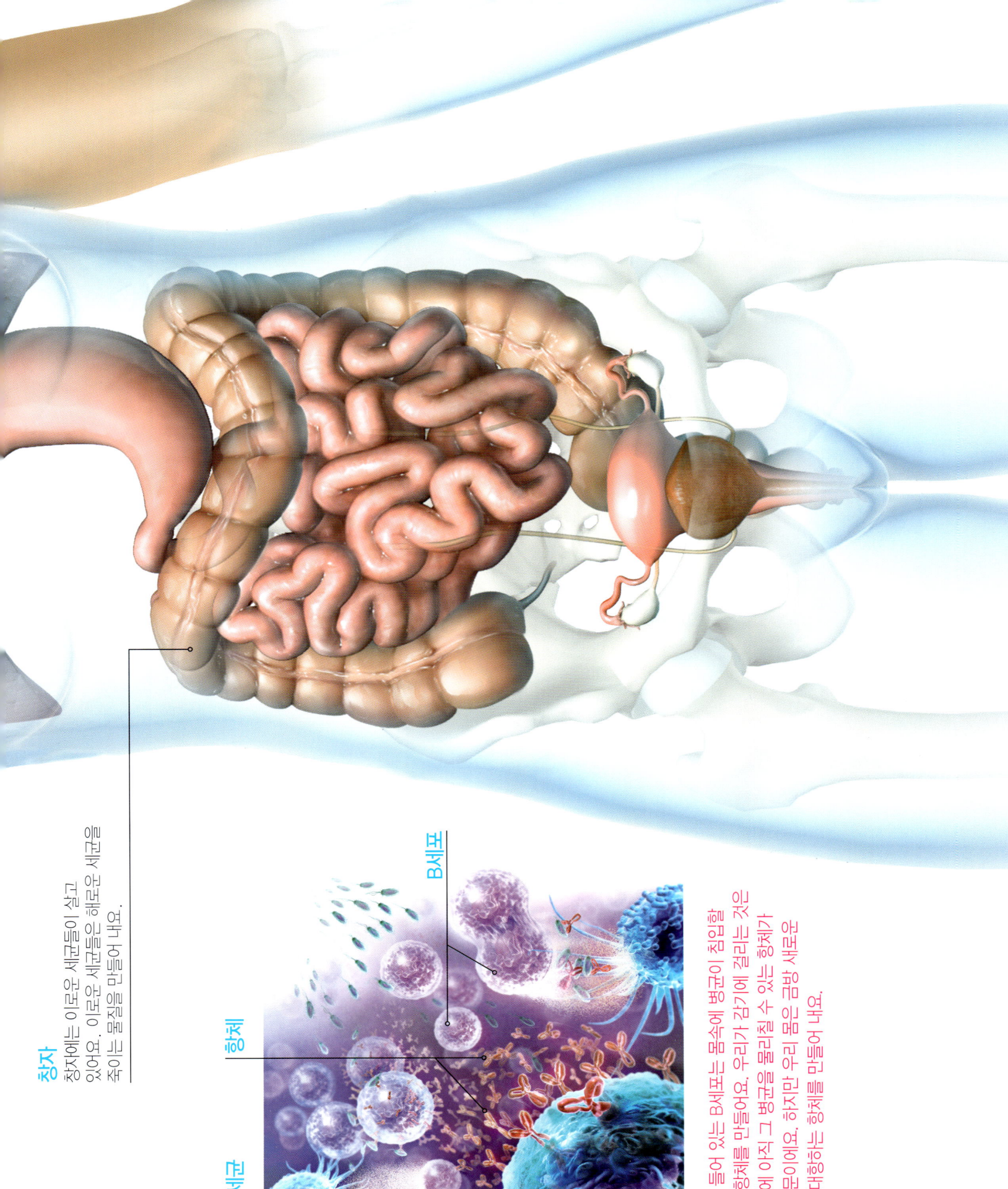

창자
창자에는 이로운 세균들이 살고 있어요. 이로운 세균들은 해로운 세균을 죽이는 물질을 만들어 내요.

피 속에 들어 있는 B세포는 몸속에 병균이 침입할 때마다 항체를 만들어요. 우리가 감기에 걸리는 것은 우리 몸에 아직 그 병균을 물리칠 수 있는 항체가 없기 때문이에요. 하지만 우리 몸은 곧 그 새로운 병균에 대항하는 항체를 만들어 내요.

B세포
항체
세균

여러 가지 계 : 방어 체계 95

용어 설명

가지 돌기(수상 돌기)
신경 세포(뉴런)에 돋아나 있는 짤막한 나뭇가지 모양의 돌기. 다른 신경 세포에서 신호를 받아 전달하는 일을 해요.

감각 수용체
외부의 자극을 느껴 그 신호를 뇌로 보내는 신경 종말. 우리가 보고, 듣고, 맛보고, 냄새 맡고, 촉감을 느낄 수 있는 것은 모두 감각 수용체 덕분이에요.

갑상샘
목 앞 한가운데에서 아래쪽에 위치한 내분비계 기관. 우리 몸의 체온을 조절하고 신진대사를 활발하게 해 줘요.

골수
뼈에서 혈액을 만드는 곳. 혈액 세포인 적혈구, 백혈구, 혈소판이 골수에서 만들어져요.

기관
간이나 뇌, 심장처럼 생물의 몸에서 독립적인 형태를 가지고 특정 기능을 담당하는 부분. 여러 개의 기관이 계를 이루어 함께 어떤 기능을 수행하기도 해요. 예를 들면, 위와 창자는 소화계를 이루는 기관이에요.

내분비계
내분비물(호르몬)을 만들어 내는 여러 가지 샘이나 세포로 이루어진 계. 내분비물(호르몬)은 우리 몸이 여러 가지 기능을 수행하는 데 필요한 물질이에요.

단백질
몸을 만드는 데 필요한 영양소. 모든 세포의 원형질은 단백질이 주성분이에요. 단백질은 신체 조직을 새로 만들거나 교체할 때 필요한 성분이에요.

달팽이관
귀 가장 안쪽에 위치한 기관. 림프액으로 채워져 있어서 소리 진동이 일으킨 파동으로 소리를 받아들여요. 듣기 능력에 매우 중요한 일을 해요.

동맥
심장에서 몸으로 피를 운반하는 혈관.

DNA
생물의 유전 정보를 전달하는 유전자의 기본 물질. DNA는 현미경으로만 볼 수 있는데, 이중 나선 구조로 이루어져 있어요. DNA는 우리 몸의 모든 세포에 들어 있어요.

띠 이랑(대상 이랑)
양쪽 뇌를 연결하는 신경 세포들 주변 조직. 띠 이랑은 좌뇌와 우뇌로 이어진 신경 세포 다발을 고리 모양으로 감싸고 있어요. 감정을 표현할 때 활발히 움직이지요.

림프계
림프관으로 이루어져 있는 기관을 통틀어 이르는 말. 병원균에 감염되지 않도록 우리 몸을 보호해요.

모세 혈관
동맥과 정맥을 이으며, 우리 몸의 각 조직마다 그물 모양으로 퍼져 있는 매우 가는 혈관.

배아
태아의 초기 단계로, 수정 후 7주가 지나지 않은 상태. 제대로 된 장기가 생기기 이전의 세포 덩어리 단계예요.

백혈구
병균과 싸우는 일을 하는 혈액 세포. 우리 몸속에 염증이 생기면 늘어나요. 적혈구보다 몸집은 크지만, 그 수는 가장 적어요.

뼈대(골격)
우리 몸의 틀을 유지하는 뼈를 통틀어 이르는 말. 200개 이상의 뼈로 이루어져 우리 몸이 움직일 수 있도록 도와줘요.

사춘기
육체적으로나 정신적으로 어린이에서 성인으로 변하는 시기.

산소
코와 입으로 숨을 쉴 때 들이마시는 공기. 산소는 피에 실려 몸 구석구석의 세포와 기관으로 공급돼요. 세포는 산소를 이용해서 에너지를 만들어요.

세균
아주 작은 단세포 생물. 세균 중에는 해로운 것도 있지만, 병균과 싸워 우리 몸을 건강하게 해 주는 것도 있어요.

세포
생물의 몸을 이루는 기본 단위. 모든 생물은 세포들로 이루어져 있어요.

세포 골격
단백질로 이루어진 세포의 구조적 뼈대. 세포와 세포의 연결을 도와 세포 전체나 일부분이 움직일 수 있도록 도와요.

세포핵
거의 모든 세포의 중심에 있는 공 모양의 물질. 세포핵은 세포의 성장을 조절해요.

수의근(맘대로근)
마음대로 움직일 수 있는 근육. 달리거나 뛰어오르거나 무거운 것을 들어 올리거나 악기를 연주하는 등의 행동을 하는 데 쓰여요. 이와 반대로 불수의근은 내 뜻과는 상관없이 혼자 알아서 움직이는 근육이에요. 심장은 불수의근이라서, 우리의 의지와 상관없이 밤낮으로 계속 뛰어요.

시상하부
배고픔, 목마름, 피곤, 감정을 담당하는 뇌의 일부. 체온을 일정하게 유지하는 일도 해요.

신경
몸과 중추 신경계 사이에 신호를 전달하는 신경 섬유 다발. 많은 신경이 척수를 통해 뇌와 연결되어 있어요.

신경 세포(뉴런)
신경계의 일부를 이루는 신경 세포. 뇌에서 몸으로, 또 몸에서 뇌로 신호를 전달해요.

심방
심장으로 들어오는 피를 받는 곳. 심장의 위쪽에서 정맥과 연결되어 있으며, 좌심방과 우심방으로 나누어져 있어요.

심실
심장의 아래쪽에서 동맥과 연결되어 허파나 몸으로 피를 내보내는 방. 사람의 심장에는 심실이 2개 있어요.

염색체
세포의 핵에 들어 있는 작은 실 모양의 물체. 염색체에는 유전 형질을 결정하는 유전자가 들어 있어요.

영양분
생물에 에너지를 공급하는 물질. 생물은 음식물을 통해 영양분을 섭취해요.

유전자
생물의 세포를 구성하고 유지하는 데 필요한 정보가 담겨 있는 물질. 유전자는 부모에게서 자손에게 유전되며, 신체적 특징과 성격 등을 결정해요.

이산화탄소
세포가 에너지를 사용할 때 생기는 노폐물 기체. 이렇게 만들어진 이산화탄소는 피에 실려 허파로 간 뒤, 호흡을 통해 몸 밖으로 나가요.

적혈구
혈액을 이루는 세포. 혈액 세포 중 그 수가 가장 많아요. 도넛 모양으로 붉은 색을 띠며, 우리 몸 곳곳에 있는 세포에 산소를 날라다 주고 대신 이산화탄소를 걷어 와요.

전전두엽
대뇌의 앞부분을 넓게 차지하는 전두엽의 가장 앞쪽. 감정과 사고를 통제하고 판단하고 결정하는 일을 담당해요. 한마디로 이성적인 판단을 하지요. 전전두엽은 우리 뇌에서 가장 마지막으로 발달한대요.

정맥
몸에서 심장으로 피를 나르는 혈관.

조직
같은 기능과 구조를 가진 세포들의 집단. 우리 몸에는 각각 다른 기능을 수행하는 네 가지의 조직이 있어요.

주먹결절
주먹을 쥐었을 때 가장 볼록 튀어나온 부위. 가운뎃손가락 결절이 가장 많이 튀어나와 있어요.

중추 신경계
신경계가 집중되어 있는 중심부. 사람의 경우 척수와 뇌가 중추 신경계를 이루고 있어요. 척수와 뇌는 우리 몸의 움직임과 감정을 모두 제어해요.

진피
척추동물의 표피 바로 밑에 있는 세포층. 표피와 함께 피부를 이루어요.

척추뼈
머리뼈 아래에서부터 엉덩이 부위까지 33개의 척추뼈가 이어져 척주를 이루어요. 척추뼈는 이 척주를 이루는 33개의 뼈 하나하나를 이르는 말이에요.

치밀뼈
뼈의 바깥쪽을 이루는 단단하고 치밀한 뼈. 뼈는 바깥쪽은 치밀뼈로 이루어져 있고, 안쪽은 해면뼈로 이루어져 있어요.

케라틴
겉면의 표피 세포들이 뭉쳐서 딱딱하게 굳어지는 단백질. 단단하고 물에 거의 녹지 않아서 세포를 보호해 줘요. 머리카락, 몸의 털, 손톱, 발톱 등이 케라틴 단백질로 이루어져 있어요.

콜라겐
부드럽고 연한 종류의 단백질로, 결합 조직의 주성분. 힘줄, 연골, 피부를 결합시키고 지지해 줘요.

콩팥 깔때기
척추동물의 콩팥 안에 있는 빈 공간. 오줌이 이곳에 모였다가 오줌통(방광)으로 빠져나가요.

콩팥단위(신단위)
가늘고 긴 관과 '사구체'라고 불리는 동맥 모세혈관 다발로 구성된 구조물. 네프론이라고도 해요. 혈액을 걸러서 영양분은 다시 흡수하고 노폐물은 몸 밖으로 내보내요. 이때 오줌이 만들어져요.

태아
포유류의 자궁 속에서 자라고 있는 새끼. 사람의 경우에는 임신한 지 7주가 지났을 때부터 태어나기 전까지를 '태아'라고 해요.

표피
동물이나 식물의 가장 바깥쪽 표면을 덮는 세포층. 식물에서는 잎이나 뿌리의 겉면을, 동물에서는 피부 표면의 세포를 말해요. 혈관이 없고, 신경 세포도 거의 없어요. 표피가 딱딱하게 굳어서 손톱, 발톱이 되지요.

항체
몸속에 침입한 병균에 맞서 싸우기 위해 혈액 세포가 만들어 내는 특별한 물질. 우리 몸의 방어 능력을 발휘하는 면역계의 한 종류로, 질병을 예방하거나 치료하는 데 큰 도움을 줘요.

해마
머리 양쪽의 뇌(측두엽) 깊숙한 곳에 위치한 뇌세포 조직. 기억의 형성과 회복을 담당하여 기억력과 인지력에 아주 중요한 일을 하는데, 스트레스에 쉽게 상처를 입어요.

해면뼈
벌집처럼 많은 구멍이 숭숭 뚫려 있는 뼈. 해면뼈는 뼈 안쪽에 있으며, 뼈를 가볍고 튼튼하게 해 줘요.

혈관
피가 흘러가는 관. 동맥과 정맥, 모세혈관이 있어요.

혈소판
피를 딱딱하게 굳게 하는 세포. 상처가 나서 피가 나면 멎게 해 줘요. 혈소판이 모자라면 피가 멈추지 않아 위험해져요. 적혈구보다 수가 적고 백혈구보다 많지만, 크기는 가장 작아요.

혈액 세포(혈구)
피 속에 떠다니는 세포. 중요한 것으로 적혈구와 백혈구, 혈소판이 있어요.

혈액 순환
피가 심장에서 나가 온몸을 돈 뒤 다시 심장으로 돌아오는 과정.

횡격막
배와 가슴을 분리하는 근육. 심장과 폐가 있는 가슴 부분과 다른 장기들이 있는 배 부분을 나누어서 압력을 조절해요. 폐를 확장해 공기가 몸 안에 더 많이 들어오게 하기 위해서지요.

• 교육과학기술부 인증 우수 과학 도서　• 소년한국일보 인증 우수 과학 도서

사실적 입체적 3D 컴퓨터그래픽 과학 백과

3D 컴퓨터그래픽으로 탄생한
사실적이고 입체적인 과학 백과!
내부를 들여다보듯 생생한 그림!

관련 분야 권위자의 **꼼꼼한 감수**를 마친 최신 과학 백과
최첨단 **3D 컴퓨터그래픽**으로 탄생한 사실적이고 입체적인 그림
쉽고 간결한 설명으로 초등학생 누구나 볼 수 있는 **과학 학습 자료**
미국, 영국, 독일 등 **세계 유명 화가들**의 수준 높은 그림

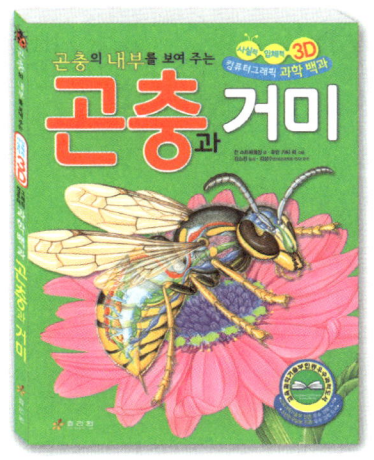

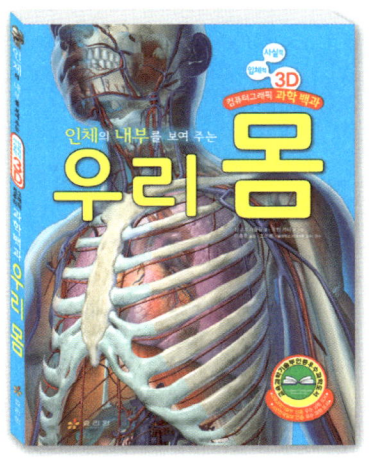

자기 몸무게의 50배가 넘는 먹이도 거뜬히 드는 거미, 다른 동물을 흉내 내는 나비, 전체 곤충의 절반을 차지하는 딱정벌레, 파충류도 잡아먹는 거대한 거미 타란툴라까지! 3D 컴퓨터그래픽으로 탄생한 생동감 넘치는 그림과 쉽고 간결한 설명으로 만나는 최고의 곤충과 거미 백과!

「과학 3-1」 3. 동물의 한살이
「과학 3-2」 2. 동물의 생활

뼈, 근육, 신경, 감각 등 우리 몸을 이루고 있는 모든 조직을 3D 컴퓨터그래픽으로 표현한 인체 백과! 우리 몸의 내부를 들여다보듯 생생한 그림과 쉽고 간결한 설명으로 우리 몸에 대한 궁금증 해결! 우리 몸의 겉과 속을 머리에서부터 발끝까지 여행할 수 있는 놀라운 인체 백과!

「봄 2-1」 1. 알쏭달쏭 나
「과학 6-2」 4. 우리 몸의 구조와 기능

지구는 무엇으로 이루어져 있을까요? 지구의 내부는 어떻게 생겼을까요? 지금 지구에서는 어떤 일이 일어나고 있을까요? 3D 컴퓨터그래픽으로 탄생한 생동감 넘치는 그림과 쉽고 간결한 설명으로 만나는 최고의 지구 백과!

「과학 3-1」 5. 지구의 모습　「과학 3-2」 3. 지표의 변화
「과학 4-1」 2. 지층과 화석　「과학 4-2」 4. 화산과 지진
「과학 5-2」 3. 날씨와 우리 생활
「과학 6-1」 2. 지구와 달의 운동
「과학 6-2」 2. 계절의 변화

• 알게 되면 재미있고, 자꾸 보면 연결이 되는 지식의 힘!

미래를 위한 융합인재 교육의 첫걸음
STEAM 교육과 함께합니다.

초등 교과서 연계 지식력 강화

시냅스 완전 지식 대백과

초등학생들의 관심과 흥미를 이끌어 낼 **과학 정보**가 가득한
최신 과학 대백과! **과학의 역사**와 **기술**의 발전, **미래**를 위한
최신 동향까지 한눈에 볼 수 있는 자료가 가득! 과학기술 기반의 융합적 사고력과
문제해결 능력을 기르는 '**초등 융합 교육 프로그램**' 필독서!

● 시냅스는 뇌의 신경세포 뉴런들을 촘촘하게 연결하는 정보처리 회로.

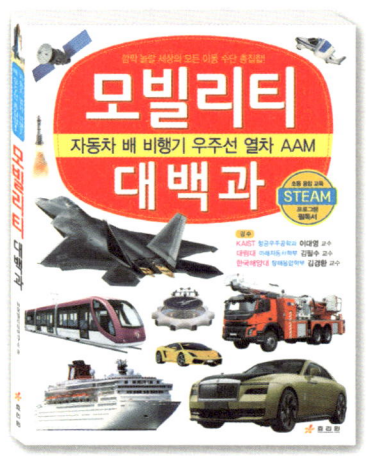  

깜짝 놀랄 세상의 모든 이동 수단 총집합! 하늘·땅·바다·우주를 누비는 다양한 이동 수단을 분야별로 600여 컷의 풍부한 사진과 함께 소개! 이동 수단의 역사는 물론, 신개념 이동 수단인 AAM에서 스페이스 X의 크루 드래곤까지 최신 정보가 가득! 과학기술의 발전과 혁신 사고의 변화에 따라 진화해 온 이동 수단의 모든 것, 모빌리티 대백과!

● 항공우주공학과, 미래자동차학부, 항해융합학부 등 '각 분야별' 전문가 감수

로봇의 발생부터 미래의 로봇까지 전 세계 로봇 총출동! 일상생활을 편리하게 해주는 로봇, 산업 현장에서 일하는 로봇, 위험한 환경에서 사람 대신 일하는 로봇 등 다양한 분야의 로봇을 사진과 함께 소개! 로봇을 바르게 이해하고, 로봇과 공존하는 미래 사회를 준비하는 데 꼭 필요한 AI 로봇 대백과!

● KAIST 공경철 교수, 원격 조종 '아바타 로봇'을 개발한 UNIST의 배준범 교수 감수
● 세계적인 로봇 공학자 '데니스 홍'의 기상천외한 리얼 로봇 별도 수록

영화 〈쥐라기 월드〉 속 공룡 총망라! 공룡이 살던 중생대의 지구 모습은 어떠했는지 먼저 알아본 뒤, 공룡마다 이름의 뜻과 전반적인 특징, 세부적인 몸의 특징과 아울러 공룡의 화석, 육식 공룡과 초식 공룡의 특징, 먹이, 공룡의 멸종에 관한 여러 가지 가설 등 자세하고 풍부한 읽을거리 제공! 1억 6000만 년 이상 지구를 지배한 공룡의 세계로 초대하는, 영화보다 100배 더 생생한 공룡 대백과!